Q&A
改正債権法と保証実務

東京高等裁判所判事（元法務省大臣官房審議官）
筒井健夫

法務省民事局民事第二課長（元法務省民事局参事官）
村松秀樹

法務省民事局付
脇村真治

弁護士（元法務省民事局付）
松尾博憲

［著］

一般社団法人 **金融財政事情研究会**

はしがき

　民法のうち債権関係の分野について、明治29年（1896年）の同法の制定以来およそ120年ぶりに全般的な見直しを行う「民法の一部を改正する法律」（平成29年法律第44号）が成立し、この改正法は、一部規定を除き、令和２年（2020年）４月１日から施行されます。

　今回の民法改正では、これまでの実務で形成された判例法理等を分かりやすく明文化するにとどまり、実質的なルールを変更していない改正項目が少なくありませんが、その一方で、実質的なルールが大きく変更され、慎重な対応が求められる改正項目もあります。その中でも特に、保証に関しては、保証人保護等の観点から多岐にわたる重要な実質改正が行われています。

　昨今、保証に依存し過ぎない融資慣行の確立が目指されていますが、いまだ保証契約を利用した経済取引は多く行われています。このような取引に与える改正の影響は、多くの改正項目がいわゆる強行規定であることからしても、極めて大きなものとなることが予想されます。

　そこで、法務省民事局において改正法案の立案を担当する機会を得た私たちが、今後生起するであろう各種の問題について、立案の趣旨を踏まえるとどのように考えるべきであるかを明らかにしておくことには、それが個人的な見解であるとはいえ一定の意味があるだろうと考えて、本書を執筆することとしたものです。

　本書には、これまで、改正規定に関してさほど議論がされていないような実務的な問題についても私たちの考え方を明らかにしている部分が含まれています。

本書をきっかけに、保証に関する改正規定をめぐる諸問題の議論が更に深められていくことを切に希望しています。

　令和元年11月

東京高等裁判所判事（元法務省大臣官房審議官）　**筒井　健夫**

法務省民事局民事第二課長（元法務省民事局参事官）　**村松　秀樹**

法務省民事局付　**脇村　真治**

弁護士（元法務省民事局付）　**松尾　博憲**

凡　例

改正法　　民法の一部を改正する法律（平成29年法律第44号）
新法　　　改正法による改正後の民法
旧法　　　改正法による改正前の民法

民録　　　大審院民事判決録
民集　　　最高裁判所民事判例集
集民　　　最高裁判所裁判集民事

目　次

第1部　保証に関する改正の概要

第1　民法（債権関係）改正の経緯等

- 1 法案提出に至るまでの経緯 ………………………………………… 2
- 2 国会審議の経過等 ……………………………………………………… 3
- 3 施　行　日 ……………………………………………………………… 6

第2　改正の概要

- 1 情報提供義務の新設 ………………………………………………… 7
- 2 個人根保証に関する改正等 ……………………………………… 11
- 3 事業のために負担した貸金等債務を保証する保証契約等の特則
  （新法第465条の6〜第465条の9関係） ………………………… 16
- 4 その他の改正 ………………………………………………………… 27

第2部　Question & Answer

第1　情報提供義務

- 1 主債務の履行状況に関する情報提供義務（新法第458条の2関係）
  - **Q1** 主債務の履行状況に関する情報の提供（新法第458条の2）
    は、どのような形で行うことになるのか。………………………… 36
  - **Q2** 債権者が主債務の履行状況に関する情報提供義務（新法第
    458条の2）の履行を怠った場合に、保証人は債権者に対し

てどのような請求をすることができるのか。………………………… 37

Q3 債権が譲渡された場合には、債権の譲受人が主債務の履行
状況に関する情報提供義務を負うのか。情報提供義務を負う
として、その義務の内容はどのようなものか。また、債権の
一部が譲渡された場合には、どうか。………………………… 38

Q4 第三者が弁済をし、弁済による代位（新法第499条）がされ
る場合には、弁済者が主債務の履行状況に関する情報提供義
務を負うのか。……………………………………………………… 41

Q5 主債務者から委託を受けないで保証をした保証人から主債
務の履行状況に関する情報提供の依頼がされた場合には、債
権者は、情報を提供することができるのか。…………………… 42

2 **主債務が期限の利益を喪失した場合における情報提供義務（新
法第458条の3関係）**

Q6 主債務者が期限の利益を喪失したことを債権者が知らな
かったが、これを知り得べきであったケースにおいては、債
権者は情報提供義務（新法第458条の3）を負うのか。…………… 43

Q7 主債務者が支払期限を単に徒過したに過ぎない場合には、
債権者は保証人に対して期限の利益喪失時における情報提供
義務を負わないのか。……………………………………………… 44

Q8 主債務者の期限の利益喪失時における情報提供義務に関し
て、債権者が2箇月以内に通知書を発送したが2箇月以内に
保証人に届かなかった場合にはどのように扱われるのか。……… 45

Q9 保証人の所在が不明であるため、期限の利益喪失の通知の
送付先が分からないケースにおいては、債権者はどのような
対応をすることが考えられるのか。……………………………… 46

Q10 債権が譲渡された場合には、債権の譲受人が期限の利益を
喪失した場合における情報提供義務を負うのか。債権の一部
が譲渡された場合には、どうか。………………………………… 48

Q11 債権者が債権の管理又は回収の業務を委託した場合において、期限の利益を喪失したことを受託者が知ったときは、その知った時から2箇月以内に期限の利益喪失の通知が保証人に到達しなければ、債権者及び受託者は、保証人に対して遅延損害金に係る保証債務の履行を請求することはできないのか。……………………49

Q12 期限の利益を喪失した場合における情報提供義務の履行を債権者が怠った場合に保証人に生ずる効果は、どのようなものか。債権者が情報提供義務の履行を怠ったにもかかわらず、保証人に対して遅延損害金に係る保証債務の履行を請求し、保証人がそれに応じて金銭を弁済した場合には、保証人は、その後に金銭の返還を請求することができるのか。…………50

Q13 期限の利益を喪失した場合における情報提供義務の履行を債権者が怠った場合に、債権者は主債務者に対して期限の利益が喪失したことを前提に遅延損害金を計算し、請求することができるのか。また、この場合における主債務及び保証債務の充当計算は、どのように行うことになるのか。………………51

Q14 期限の利益を喪失した場合における情報提供義務について、債権者は、保証人が主債務者の期限の利益の喪失を知っていた場合には、この義務の履行を怠ったとしても、保証人に対して遅延損害金に係る保証債務の履行を請求することができるのか。また、債権者ではなく、債務者が保証人に対して通知をした場合にも、債権者は保証人に対して遅延損害金に係る保証債務の履行を請求することはできないのか。…………53

3 契約締結時の情報提供義務（新法第465条の10関係）

Q15 どのような保証契約を委託する際に、主債務者は、契約締結時の情報の提供義務（新法第465条の10）を負うのか。例えば、保証契約に基づく求償債務の保証を委託する際にも、主

債務者は情報提供義務を負うことになるのか。……………………………55

Q16 主債務者は、主債務者が法人である場合のその取締役等
（新法第465条の9参照）に対して事業のために負担する債務
の保証を委託する際にも、契約締結時の情報提供義務を負う
のか。……………………………………………………………………………57

Q17 契約締結時の情報提供義務に基づいて提供すべき情報と
は、どの時点の情報であるのか。例えば、委託の際に情報を
提供したが、その後保証契約が締結されるまでの間に財産状
況等が大きく変更した場合には、主債務者は、改めて情報を
提供する義務を負うのか。……………………………………………58

Q18 事業のために負担する債務を保証することを委託する際
に、主債務者において保証人になろうとする者に提供しなけ
ればならない情報とは、どのようなものか。委託をする際
に、主債務者は主債務の内容も説明しなければならないの
か。………………………………………………………………………………59

Q19 「財産及び収支の状況」（新法第465条の10第1項第1号）に
関する情報の提供に当たっては、どのような資料を提供すれ
ばよいのか。……………………………………………………………60

Q20 「主たる債務以外に負担している債務の有無並びにその額
及び履行状況」（新法第465条の10第1項第2号）に関する情報
の提供に当たっては、どのような資料を提供すればよいの
か。………………………………………………………………………………61

Q21 主債務者が債務を負っていることを争っている場合にも、
主債務者は、当該債務の内容について保証人に情報提供する
義務を負うのか。例えば、主債務者は債務を負っていないと
認識しているが、第三者から金銭の支払を求められている場
合には、第三者の主張に基づいて債務についての情報を保証
人に提供する必要があるのか。…………………………………63

Q22 「主たる債務の担保として他に提供し、又は提供しようと
するもの」（新法第465条の10第1項第3号）に関する情報の提
供に当たっては、どのような資料を提供すればよいのか。……… 65

Q23 主債務者が情報提供義務（新法第465条の10）の履行を怠っ
たことを理由に、保証人が保証契約を取り消すための要件
は、どのようなものか。例えば、債権者が知ることができた
とは、どのようなものか。……………………………………………… 66

Q24 債権者は、主債務者が保証人に対して情報を提供したかど
うか、また、提供した情報の内容について確認する義務を負
うのか。また、法的な義務を負っていないとしても、債権者
は、主債務者の情報提供義務の履行について、積極的に確認
すべきか。………………………………………………………………… 69

Q25 債権者が、主債務者と保証人から情報提供義務の履行につ
いて受けた表明保証について、注意すべき点にはどのような
ものがあるのか。……………………………………………………… 71

Q26 主債務者が契約締結時の情報提供義務に基づき情報を提供
した上で委託をし、その委託に基づき、事業のために負担す
る債務を保証する保証契約が締結された場合に、その保証契
約を「更新」する際にも、主債務者は、再度、情報を提供し
なければならないのか。……………………………………………… 75

第2　根保証

1　個人根保証契約の定義・範囲

Q27 「一定の範囲に属する不特定の債務を主たる債務とする保
証契約」（新法第465条の2第1項）とは、どのようなものか。…… 77

Q28 賃貸借契約に基づいて賃借人が負う債務を保証する保証契
約は、根保証契約（一定の範囲に属する不特定の債務を主債務
とする保証契約（新法第465条の2第1項））に含まれるのか。……… 79

Q29 保証委託契約に基づいて主債務者が保証人に対して負う求
償債務を保証する保証契約は、根保証契約（一定の範囲に属
する不特定の債務を主債務とする保証契約（新法第465条の2第
1項））に含まれるのか。……………………………………… 80

Q30 身元保証契約は、個人根保証契約に含まれるのか。また、
身元保証契約に、新法において新設された個人根保証契約
（新法第465条の2第1項）に関する規定が適用されると、ど
のような結果となるのか。………………………………… 81

2 個人根保証契約の極度額（新法第465条の2関係）

Q31 個人根保証契約において、極度額は常に確定的な金額を書
面で定めなければならないのか。例えば、賃貸借契約におけ
る賃料等を保証する場合においては、「賃料の4箇月分」な
どと契約書で定めることは認められるのか。……………… 83

Q32 極度額として定める金額に制限はあるのか。例えば、著し
く金額の大きな極度額を定めた場合に、その極度額の定めが
無効となることはあるのか。……………………………… 85

3 個人根保証契約の元本確定事由（新法第465条の4関係）

Q33 個人根保証契約における法定の元本確定事由には、どのよ
うなものがあるのか。また、法定の元本確定事由のほかに当
事者間の合意により元本確定事由を定めることは、可能か。…… 86

Q34 個人根保証契約において法定の元本確定事由が生じても、
元本が確定しないとの特約は有効か。……………………… 88

Q35 建物の賃貸借契約において生ずる賃料債務や損害賠償債務
など賃借人の債務の一切を個人が保証する個人根保証契約が
締結され、その後、賃借人がその賃借物件で自殺したとき
は、その死亡後に判明した損害も含め、その自殺によって生
ずる損害について保証人は責任を負うことになるのか。………… 89

Q36 賃借人の債務を保証する個人根保証契約を締結する場合に

目　次　9

おいて、その保証人が、現在の賃借人だけでなく、その賃借人が死亡した後に賃借人の地位を相続した者の債務も保証する意思を有しているときは、その意思に従った内容の保証をすることができるのか。……………………………………………… 91

④ 保証人が法人である根保証契約の求償権に係る債務の個人保証
（新法第465条の5関係）

Q37 根保証契約の保証人である法人が主債務者に対して取得する求償権について個人が保証する保証契約は、それが根保証契約である場合にも、保証人が法人である根保証契約に極度額の定めがないときは、無効となるのか。…………………… 93

Q38 保証人が法人である根保証契約に極度額の定めがあれば、当該法人が主債務者に対して取得する求償権に係る債務（求償債務）について個人が保証する根保証契約に極度額がなくても、当該個人を保証人とする根保証契約は、有効となるのか。……………………………………………………………………… 95

⑤ その他

Q39 民法上の「保証」ではないが、契約書などで「保証」と呼ばれているものについても、個人根保証契約に関する新法第465条の2等の規定が適用されるのか。……………………… 96

Q40 個人根保証契約と他の契約を一括して契約した場合に、個人根保証契約に関する新法第465条の2等の規定は、どのように適用されるのか。…………………………………………… 97

第3 事業のために負担した貸金等債務を保証する保証契約等の特則

① 事業に係る債務についての保証契約の特則の対象等

Q41 「事業のために負担した（する）貸金等債務」（新法第465条の6第1項等）の「事業のために」とは、どういう意味か。また、どういったものが含まれるのか。例えば、いわゆるア

10 目 次

パートローンは含まれるのか。……………………………………… 98

Q42 主債務者が自己の事業のために利用する意図で借入れをして、貸金等債務を負担した場合には、債権者がその意図を全く認識していなくても、当該貸金等債務は「事業のために負担した貸金等債務」（新法第465条の6第1項等）となるのか。…… 100

Q43 準消費貸借契約に基づく貸金返還債務は、事業のために負担した「貸金等債務」に含まれ得るのか。………………………… 102

Q44 和解契約に基づく和解金支払債務を保証する保証契約を締結するには、保証意思宣明公正証書は必要か。………………… 105

Q45 裁判上の和解において、事業のために負担した貸金等債務を個人が保証する保証契約等を締結する際にも、保証意思宣明公正証書の作成を要するのか。民事調停においては、どうか。………………………………………………………………… 107

Q46 使途が自由とされており、事業に使うことも許容されている貸付金に係る貸金等債務を保証する保証契約を有効に成立させるためには、保証意思宣明公正証書を作成する必要はあるのか。また、特に使途を定めていない貸金等債務について保証契約を有効に成立させるためには、保証意思宣明公正証書を作成する必要はあるのか。……………………………… 109

Q47 主債務者が他人の事業のために負担した貸金等債務を保証する保証契約を有効に成立させるためには、保証意思宣明公正証書を作成する必要はあるのか。例えば、会社の代表取締役が当該会社の事業に用いられることを前提に自己の名で金融機関から金銭を借り受けて、当該会社に当該金銭を会社に貸し付けた場合には、会社の代表取締役が負った貸金返還債務は「事業のために負担した貸金等債務」（新法第465条の6第1項等）に該当するのか。………………………………… 111

Q48 保証意思宣明公正証書に関する規定は、保証契約ではな

く、併存的債務引受契約など連帯債務を負担する契約にも適
用されるのか。……………………………………………………112

Q49 事業のために負担した貸金等債務について、第三者が弁済
をした後に、債務者が第三者に対して負担する求償債務を保
証する保証契約が締結された場合には、その保証契約は、保
証意思宣明公正証書が作成されなくとも、効力を生ずるのか。…113

Q50 Aが自己の事業のために負担した貸金等債務について、B
が免責的債務引受をした後に、このBの債務を主債務とする
保証契約が締結された場合には、その保証契約は、保証意思
宣明公正証書が作成されなくとも、効力を生ずるのか。………114

Q51 Aを保証人とする事業のために負担した貸金等債務を主債
務とする保証契約がある場合に、Aが死亡したときには、相
続人であるBについて保証意思宣明公正証書を作成しなくと
も、Bは当該保証を相続することになるのか。…………………115

2 **保証意思宣明公正証書の作成手続等**

Q52 保証意思宣明公正証書の作成の時期的制限である「締結の
日前1箇月以内」（新法第465条の6第1項）とは、どのよう
に計算をするのか。……………………………………………………116

Q53 停止条件付保証契約を締結する際には、どの時点から「締
結の日前1箇月以内」を計算するのか。また、保証予約契約
を締結する際には、どのように考えることになるのか。…………118

Q54 保証意思宣明公正証書の作成において代理人が嘱託・口授
をすることは、許されるのか。例えば、保証人になろうとす
る者が成年被後見人である場合に、法定代理人である成年後
見人が嘱託・口授をすることは、許されるのか。…………………120

Q55 事業のために負担した貸金等債務を主債務とする通常の保
証契約（根保証契約以外のもの）について保証意思宣明公正
証書が作成される際の口授事項は、どのようなものか。…………121

Q56 事業のために負担した貸金等債務を主債務とする通常の保証契約（根保証契約以外のもの）に関して保証意思宣明公正証書が作成される際、保証人になろうとする者は、主債務の元本について具体的な金額まで口授しなければならないのか。……………………………………………………………… 122

Q57 事業のために負担した貸金等債務を主債務とする通常の保証契約（根保証契約以外のもの）について保証意思宣明公正証書が作成される際、主債務に関する利息や違約金については、利率の数値まで口授しなければならないのか。……………… 123

Q58 主債務の範囲に事業のために負担した貸金等債務が含まれる根保証契約について保証意思宣明公正証書が作成される際の口授事項は、どのようなものか。………………………………… 124

Q59 事業のために負担した貸金等債務を主債務とする保証契約又は主債務の範囲に事業のために負担した貸金等債務を含む根保証契約の主債務者に対する求償債務を主債務とする通常の保証契約（根保証契約を除くもの）について保証意思宣明公正証書を作成する際の口授事項は、どのようなものか。……… 125

Q60 事業のために負担した貸金等債務を主債務とする保証契約又は主債務の範囲に事業のために負担した貸金等債務を含む根保証契約の主債務者に対する求償債務が主債務の範囲に含まれる根保証契約について保証意思宣明公正証書を作成する際の口授事項とは、どのようなものか。………………………… 128

Q61 商事保証など法律上当然に連帯する保証についても、「保証人になろうとする者が主債務と連帯して債務を負担しようとするものである場合」（新法第465条の6第2項）に含まれるのか。……………………………………………………………… 130

Q62 公証人は、事業のために負担した貸金等債務を保証する保証契約等に該当しない場合、又は保証人が取締役等であり保

証意思宣明公正証書作成の例外（新法第465条の9参照）に該
当する場合にも、保証意思宣明公正証書を作成することは可
能か。……………………………………………………………… 132

3 公証人による保証意思の確認

Q63 保証意思宣明公正証書を作成する際に、公証人は、保証人
になろうとする者の保証意思をどのように確認するのか。……… 133

Q64 保証人になろうとする者に保証意思がないにもかかわら
ず、保証意思宣明公正証書が作成された場合には、保証契約
自体も無効となるのか。公証人には、保証意思を確認するこ
とができない場合には保証意思宣明公正証書の作成を拒絶す
る義務があるのか。……………………………………………… 136

Q65 保証意思宣明公正証書の作成がなければ有効に成立しない
保証契約について、その保証契約の締結自体について公正証
書を作成すれば、その締結に先立って保証意思宣明公正証書
を作成していなくても、当該保証契約は有効になるのか。……… 137

4 保証意思宣明公正証書作成の例外①（理事、取締役等）

Q66 保証人になる際に保証意思宣明公正証書の作成を要しない
とされている主債務者が法人である場合の理事、取締役又は
執行役（新法第465条の9第1号参照）には、正式な選任手続
がとられていないが、事実上理事、取締役又は執行役の役割
を代行している者も含まれるのか。また、そのような役割を
果たしている者は、理事、取締役又は執行役に準ずる者に該
当するのか。……………………………………………………… 138

Q67 保証人になる際に保証意思宣明公正証書の作成を要しない
とされている主債務者が法人である場合の「理事、取締役、
執行役又はこれらに準ずる者」（新法第465条の9第1号）と
は何か。例えば、「執行役員」は含まれるのか。………………… 140

Q68 正式な選任手続がとられていないが、主債務者の取締役と

して登記がされている者は、保証意思宣明公正証書の作成を
要しない「理事、取締役、執行役又はこれらに準ずる者」
（新法第465条の9第1号）に該当するのか。……………………141

⑤ 保証意思宣明公正証書作成の例外②（過半数株主等）

Q69 法人である主債務者の総株主の議決権の過半数を有する者
が保証人である場合の保証契約については、保証意思宣明公
正証書の作成を要しないが、この「総株主の議決権」に「株
主総会において決議することができる事項の全部につき議決
権を行使することができない株式」（新法第465条の9第2号
イ）についての議決権が含まれないこととしたのはなぜか。……143

Q70 XがA社の株式の過半数を有し、A社がB社の株式の過半
数を有し、B社がC社の株式の過半数を有している場合にお
いて、XがC社の事業のために負担した貸金等債務を保証す
る保証契約を締結するときには、保証意思宣明公正証書の作
成を要するのか。また、XがA社とB社の株式の過半数をそ
れぞれ有し、A社とB社が有するC社の株式の合計がC社の
株式の過半数に達する場合において、XがC社の事業のため
に負担した貸金等債務を保証する保証契約を締結するとき
は、どうか。………………………………………………………145

⑥ 保証意思宣明公正証書作成の例外③（共同事業者）

Q71 保証人になる際に保証意思宣明公正証書の作成を要しない
とされている主債務者が個人である場合のその主債務者と
「共同して事業を行う者」（新法第465条の9第3号）とは何
か。例えば、アパート経営を行っている者の法定相続人は、
ここでいう共同して事業を行う者に含まれるのか。……………148

⑦ 保証意思宣明公正証書作成の例外④（配偶者）

Q72 主債務者が個人である場合のその主債務者の配偶者が事業
のために負担した貸金等債務を保証する保証契約を締結した

目　次　15

場合において、後に婚姻の無効が判明したときは、保証意思宣明公正証書を作成せずにされた保証契約の効力はどうなるのか。また、婚姻の取消しがされた場合には、保証意思宣明公正証書を作成せずにされた事業のために負担した貸金等債務を保証する保証契約の効力はどうなるのか。……………149

Q73 保証意思宣明公正証書の作成を要しないとされている主債務者が個人である場合のその主債務者の配偶者について、「事業に現に従事している」（新法第465条の9第3号）との要件はどのように判断されることになるのか。………………151

8 **保証意思宣明公正証書作成の例外⑤（その他）**

Q74 保証人が主債務者の事業を承継する予定者である場合であっても、保証意思宣明公正証書の作成を要することとしたのはなぜか。……………………………………152

Q75 事業のために負担した貸金等債務を保証する保証契約について、保証意思宣明公正証書作成の例外事由に該当するために保証意思宣明公正証書を作成せずに保証契約を締結した後に、例外事由に該当しないこととなった場合には、当該保証契約の効力に影響は生ずるのか。また、保証意思宣明公正証書を作成せずに保証人となった者が、その後に例外事由に該当することとなった場合には、保証契約の効力に影響は生ずるのか。…………………………………………153

Q76 主債務者の取締役の地位にない者など保証意思宣明公正証書作成の例外事由に該当しない者が自ら例外事由に該当すると装っていたために、保証意思宣明公正証書を作成しないで締結された保証契約は有効か。………………154

Q77 保証人が債権者に対し保証意思宣明公正証書作成の例外事由に該当することを確約した場合（いわゆる「表明保証」をした場合）には、仮に実際には例外事由に該当しないとして

16　目　次

も、表明保証の効果として、事業のために負担した貸金等債務を保証する保証契約が有効となるのか。また、表明保証において、例外事由に該当しない場合には一定の損害賠償金を支払う旨の特約がされていた場合には、その特約に基づいて損害賠償金の請求をすることができるのか。……………………… 155

9 保証意思宣明公正証書と保証契約等との不一致

Q78 保証意思宣明公正証書の記載と保証契約の内容が一致しない場合には、保証契約の効力は認められるのか。また、一致している範囲で保証契約が有効になることはないのか。……… 157

Q79 保証意思宣明公正証書の記載と保証契約の内容が一致していないが、例えば、保証意思宣明公正証書に主債務の元本として1000万円と記載され、実際の保証契約における主債務の元本の額が800万円である場合にも、保証契約の効力は認められないのか。……………………………………………… 159

Q80 法定の口授事項についての保証意思宣明公正証書の記載と実際の保証契約の内容は一致していたが、保証意思宣明公正証書に法定の口授事項以外の事項として記載されていた内容や、引用するために添付された書類や編綴された書類等の記載内容が実際の保証契約の内容と異なっている場合に、保証契約の効力は認められるのか。……………………… 161

10 保証契約等の変更と保証意思宣明公正証書

Q81 保証意思宣明公正証書が作成され、保証契約が有効に成立した後に、主債務の内容を変更しようとする際に、保証意思宣明公正証書を改めて作成しなければならないのは、具体的に、どのような場合か。……………………………………… 163

Q82 保証意思宣明公正証書が作成され、保証契約が有効に成立した後に、保証の内容を変更する場合に、保証意思宣明公正証書を改めて作成しなければならないのは、具体的に、どの

目　次　17

ような場合か。……………………………………………………………… 166

Q83 保証意思宣言公正証書を適式に作成して有効に成立した根
保証契約について、いわゆる「更新」をする際にも、保証意
思宣言公正証書を作成しなければならないのか。……………… 168

第4 経過措置等

Q84 新法の施行日前に締結された保証契約にも、保証に関する
新法の規定は、適用がされるのか。新法の施行日前に締結さ
れた保証契約が新法の施行日以後に「更新」された場合に
は、どうか。……………………………………………………………… 169

Q85 新法の施行日前に賃貸借契約が締結され、かつ、当該賃貸
借契約によって賃借人が負う一切の債務を保証する保証契約
が締結されている場合において、新法の施行日以後に当該賃
貸借契約が更新されたときに、当該保証契約には極度額に関
する規律等の新法の規定（新法第465条の2等）が適用される
のか。……………………………………………………………………… 171

Q86 新法の施行日前に、事業のために負担した貸金等債務を保
証する保証契約が締結された場合において、新法の施行日以
後に主債務又は保証契約の内容を変更する際に、保証意思宣
明公正証書を改めて作成しなければならないのは、どのよう
な場合か。………………………………………………………………… 173

Q87 事業のために負担した貸金等債務を保証する保証契約等が
新法の施行日前に締結された場合において、新法の施行日以
後に当該保証契約を合意により更新する際に、保証意思宣明
公正証書を作成しなければならないのか。…………………… 175

18 目 次

第3部 資　　料

資料1　民法新旧対照条文（抜粋）………………………………………… 178

資料2　民法の一部を改正する法律の施行に伴う公証事務の取扱いに
　　ついて（通達）…………………………………………………………… 195

　事項索引 ………………………………………………………………… 218

第1部

保証に関する改正の概要

第1 民法（債権関係）改正の経緯等

１ 法案提出に至るまでの経緯

　民法のうち、債権関係の規定については、明治29年（1896年）に制定されて以来、実質的な見直しがほとんど行われておらず、概ね制定当時の内容のままであった。他方で、この間における我が国の社会・経済情勢は、取引量が劇的に増大するとともに、取引の内容が複雑化・高度化する一方で、情報伝達の手段が飛躍的に発展したことなど、様々な面において著しく変化している。このような変化に対しては、これまで、民法の特則を定めた法律（例えば、借地借家法）を制定すること等により対応がされてきたが、取引に関する最も基本的なルールを定めている民法の債権関係の規定についても、この変化に対応させていく必要が生じている。また、裁判実務においては、多数の事件について民法を解釈・適用する中で、膨大な数の判例が蓄積されてきている。さらに、確立した学説上の考え方が実務で広く受け入れられ、解釈の前提となっているものも多い。しかし、それらの中には、条文からは必ずしも容易に読み取ることのできないものも少なくないため、民法が定める基本的なルールが分かりにくい状態となっていた。

　このような状況を踏まえ、平成21年10月28日、法務大臣から、法制審議会に対し、「民事基本法典である民法のうち債権関係の規定について、同法制定以来の社会・経済の変化への対応を図り、国民一般に分かりやすいものとする等の観点から、国民の日常生活や経済活動にかかわりの深い契約に関する規定を中心に見直しを行う必要があると思われるので、その要綱を示されたい。」との諮問（第88号）がされた。法制審議会には、「民法（債権関係）部会」（部会長：鎌田薫前早稲田大学総長）が設置され、同部会において、同年11月から平成27年２月の５年余りにわたり、合計99回の会議及び合計18回の分科会が開催され、２度にわたり実施された意見募集（パブリック・コメ

2　第１部　保証に関する改正の概要

ント手続）の結果も参考にしながら、幅広い観点から審議が行われた。この
部会での審議結果を踏まえ、最終的には、同月24日、「民法（債権関係）の
改正に関する要綱」が全会一致で決定され、法務大臣に答申がされた。

　そして、その後の立案作業を経て、平成27年3月31日、「民法の一部を改
正する法律案」及び「民法の一部を改正する法律の施行に伴う関係法律の整
備等に関する法律案」が第189回国会（常会）に提出された。

2 国会審議の経過等

　前記各法律案は、先行して提出された他の法律案の審議が優先されため、
第189回、第190回及び第191回国会では審議がされないまま継続審議とされ
た。平成28年秋の第192回国会（臨時会）では、同年11月16日から衆議院法
務委員会における審議が開始されたが、同国会においては審議未了により継
続審議とされ、続く平成29年の第193回国会（常会）において、若干の技術
的修正が行われた上で、同年4月12日に衆議院法務委員会において賛成多数
で可決された。両法案は、同月14日に衆議院本会議で賛成多数で可決され、
参議院に送付された。

　参議院法務委員会においては平成29年4月20日から審議が開始され、同年
5月25日に参議院法務委員会で賛成多数で可決された。そして、両法案は、
同月26日に参議院本会議で賛成多数で可決され、法律として成立し、同年6
月2日に公布された。

　国会において審議対象となった項目は多岐にわたるが、特に、いわゆる第
三者保証人の保護策について、例えば、経営者の親族、知人・友人、取引先
の経営者といった主債務者の経営に実質的には関与していないような第三者
が保証人になることは一切禁止すべきではないか、個人事業主である主債務
者が行う事業に現に従事している主債務者の配偶者を公証人による保証意思
確認手続の対象から除外することは妥当なのかといった観点からの質疑に多
くの時間が割かれたほか、定型約款の規定に関して、定型約款の定義の解釈
と具体例の定型約款該当性、定型約款によって契約が成立する要件を充足す

ると、合意があったものとみなされるが、これによって、契約の相手方に不利益が生じないか、約款の内容を事業者側が一方的に変更することができるとされているが、これによって取引の相手方に不利益な変更が行われることによる問題が生じないかといった点について質疑がされた。

なお、衆議院法務委員会では、保証に関して、次のような附帯決議（関連部分抜粋）が付されている。

「政府は、本法の施行に当たり、次の事項について格段の配慮をすべきである。

　四　個人保証人の保護の観点から、以下の事項について留意すること。

　　1　いわゆる経営者等以外の第三者による保証契約について、公証人による保証人になろうとする者の意思確認の手続を求めることとした趣旨を踏まえ、保証契約における軽率性や情義性を排除することができるよう、公証人に対しその趣旨の周知徹底を図るとともに、契約締結時の情報提供義務を実効的なものとする観点から、保証意思宣明公正証書に記載すること等が適切な事項についての実務上の対応について検討すること。

　　2　保証意思宣明公正証書に執行認諾文言を付し、執行証書とすることはできないことについて、公証人に対し十分に注意するよう周知徹底するよう努めること。

　　3　個人保証の制限に関する規定の適用が除外されるいわゆる経営者等のうち、代表権のない取締役等及び「主たる債務者が行う事業に現に従事している主たる債務者の配偶者」については、本法施行後の状況を勘案し、必要に応じ対応を検討すること。

　　4　我が国社会において、個人保証に依存し過ぎない融資慣行の確立は極めて重要なものであることを踏まえ、事業用融資に係る保証の在り方について、本法施行後の状況を勘案し、必要に応じ対応を検討すること。

　（中略）

六　消滅時効制度の見直し、法定利率の引下げ、定型約款規定の創設、また、個人保証契約に係る実務の大幅な変更など、今回の改正が、国民各層のあらゆる場面と密接に関連し、重大な影響を及ぼすものであることから、国民全般に早期に浸透するよう、積極的かつ細やかな広報活動を行い、その周知徹底に努めること。」

また、参議院法務委員会でも、保証に関して、次のような附帯決議（関連部分抜粋）が付されている。

「政府は、本法の施行に当たり、次の事項について格段の配慮をすべきである。

五　個人保証人の保護の観点から、以下の取組を行うこと。

　　1　いわゆる経営者等以外の第三者による保証契約について、公証人による保証人になろうとする者の意思確認の手続を求めることとした趣旨を踏まえ、保証契約における軽率性や情義性を排除することができるよう、公証人に対しその趣旨の周知徹底を図るとともに、契約締結時の情報提供義務を実効的なものとする観点から、保証意思宣明公正証書に記載すること等が適切な事項についての実務上の対応について検討すること。

　　2　保証意思宣明公正証書に執行認諾文言を付し、執行証書とすることはできないことについて、公証人に対し十分に注意するよう周知徹底するよう努めること。

　　3　個人保証の制限に関する規定の適用が除外されるいわゆる経営者等のうち、代表権のない取締役等及び「主たる債務者が行う事業に現に従事している主たる債務者の配偶者」については、本法施行後の状況を勘案し、必要に応じ対応を検討すること。

　　4　我が国社会において、個人保証に依存し過ぎない融資慣行の確立は極めて重要なものであることを踏まえ、個人保証の一部について禁止をする、保証人の責任制限の明文化をする等の方策を含め、事業用融資に係る保証の在り方について、本法施行後の状況を勘案

第1　民法（債権関係）改正の経緯等　5

し、必要に応じ対応を検討すること。

（中略）

十　消滅時効制度の見直し、法定利率の引下げ、定型約款規定の創設、また、個人保証契約に係る実務の大幅な変更など、今回の改正が、国民各層のあらゆる場面と密接に関連し、重大な影響を及ぼすものであることから、国民全般、事業者、各種関係公的機関、各種の裁判外紛争処理機関及び各種関係団体に早期に浸透するよう、積極的かつ細やかな広報活動を行い、その周知徹底に努めること。」

3　施　行　日

　改正法の施行日は、十分な周知期間と施行までの準備期間を設ける観点を踏まえ、「民法の一部を改正する法律の施行期日を定める政令（平成29年政令第309号）」により、令和2年（2020年）4月1日とされた。

　ただし、保証に関し、次の例外がある。

　事業のために負担した貸金等債務を保証する保証契約等は、一定の例外がある場合を除き、事前に公正証書が作成されていなければ無効となるが（新法第465条の6、第465条の8）、施行日から直ちに円滑に保証契約の締結をすることができるようにする趣旨で、施行日前から公正証書の作成を可能とすることとされている（改正法附則第21条第2項及び第3項）。この規定は、令和2年（2020年）3月1日から施行されるので、同日以降、公正証書作成の嘱託が可能となる（**Q52**参照）。

第2	改正の概要

1 情報提供義務の新設

(1) 主債務の履行状況に関する情報提供義務（新法第458条の2関係）

ア 趣 旨

　保証人にとって、主債務者が主債務を履行しておらず遅延損害金が日々生じている状況にあることや、主債務の残額が幾らになっているかといった情報、すなわち、債権者が把握している主債務の履行状況に関する情報は、保証人として履行しなければならない保証債務の内容に関わる重要な情報であるが、旧法には、これらの情報を保証人に提供する義務を債権者に課す規定はなかった。

　また、法律の規定がなくとも、保証人からの問合せに応じて債権者が任意にこれらの情報を保証人に提供することはあり得るが、主債務の履行状況に関する情報は主債務者の財産的な信用に関わるものであり、これを法律の根拠なく保証人に提供することは守秘義務や個人情報保護の義務に反するおそれがあるとして、債権者としては保証人への情報提供を躊躇するとの指摘がある。

　他方で、主債務の履行状況に関する情報は主債務者の財産的信用に関わるものであることに照らすと、主債務者から委託を受けて保証人となった者でないものに対してまでその情報の提供が義務付けられるのは相当ではない。

　そこで、新法においては、債権者に対し、主債務者から委託を受けて保証人になった者に対する主債務の履行状況に関する情報提供義務を課すこととしている。

イ 具体的な要件・効果

　保証人が債権者に対して主債務の履行状況に関する情報の提供を請求する

第2　改正の概要　7

ことができるのは、保証人が主債務者の委託を受けて保証をしていた場合である。保証人が法人である場合にも、債権者に対してこの請求をすることができる。

　請求を受けた債権者は、遅滞なく、保証人に対して、

①　主債務の元本と、

②　主債務に関する利息、違約金、損害賠償その他その債務に従たる全てのもの

のそれぞれについて、次の各情報を提供しなければならない（新法第458条の2）。

　　a　不履行の有無

　　b　残額

　　c　弁済期が到来しているものの残額

　ここで「遅滞なく」とされているのは、情報を提供するために合理的な範囲で準備期間をとることは許されるが、そのような合理的な範囲での準備期間を超えて情報の提供が遅れることは許されないことを意味する。

　また、ここでの情報提供は、主債務の履行状況についてされる。

　「弁済期が到来している」とは、主債務の弁済期が到来していることを意味しているから、特約が置かれていて、主債務の弁済期と当該主債務に係る保証債務の弁済期が一致していない場合には、主債務者の弁済期を前提に「弁済期が到来しているものの残額」を提供する。

　債権者においてこの義務の履行を怠った場合には、通常の債務不履行があった場合と同様に、保証人は、債権者を被告として情報を提供するよう請求する訴えを裁判所に提起することができる（新法第414条第1項）。また、保証人は、その義務違反によって損害を被ったときは、債権者に対して損害賠償を請求することができるが、債権者に責めに帰すべき事由がないときは、債権者は責任を負わない（新法第415条）。

8　第1部　保証に関する改正の概要

(2) 主債務者の期限の利益喪失時における情報提供義務（新法第458条の3関係）

ア 趣 旨

保証人の責任は、主債務者が支払を遅滞すると日々発生する遅延損害金によって増大していく。特に、主債務者が分割金の支払を遅滞するなどして期限の利益を喪失し、保証をした債務の全額について弁済期が到来した場合には、発生する遅延損害金の額が当初の想定以上に多額となり、個人である保証人にとっては、その負担は大きなものとなり得る。もっとも、主債務者が期限の利益を喪失したことを保証人が知ることができれば、保証人は早期に支払をすることで、多額の遅延損害金の発生を防ぐことが可能になる。

しかし、主債務者が期限の利益を喪失したことは、保証人は当然には知り得る情報ではなく、旧法には、そのことを知る機会を保証人に対して保障する制度は設けられていなかった。

そこで、新法においては、債権者に主債務者の期限の利益喪失時における情報提供義務を課すこととしている。

イ 具体的な要件・効果

保証人が個人である場合に、主債務者が期限の利益を喪失し、債権者において主債務者が期限の利益を喪失したことを知ったときには、債権者は、保証人に対し、当該知った時から2箇月以内に、主債務者が期限の利益を喪失したことを通知しなければならない（新法第458条の3第1項）。

債権者は、当該知った時から2箇月以内にこの通知をしなかったときは、保証人に対し、期限の利益を喪失した時から通知を現にするまでに生じた遅延損害金を請求することができない（新法第458条の3第2項）。

(3) 契約締結時の情報提供義務（新法第465条の10関係）

ア 趣 旨

保証人になるに当たっては、主債務者の財産や収支の状況等をあらかじめ

把握し、保証債務の履行を現実に求められるリスクを検討することが重要である。とりわけ、事業のために負担する債務は、多額になり得るものであり、この債務を保証することは、個人である保証人にとって負担が大きなものとなるから、これを保証する場合には、主債務者の財産や収支の状況等を把握した上で保証人になるかどうかを決定するのが適切である。

そこで、新法においては、保証契約締結時の主債務者の財産状況を適切に把握させる観点から、主債務者に契約締結時の情報提供義務を課すこととしている。

イ　情報提供義務の要件・効果

事業のために負担する債務についての保証を個人に委託する主債務者は、保証人になろうとする者に対し、次の事項に関する情報を提供しなければならない（新法第465条の10第1項・第3項）。

①　財産及び収支の状況

②　主債務以外に負担している債務の有無並びにその額及び履行状況

③　主債務の担保として他に提供し、又は提供しようとするものがあるときは、その旨及びその内容

ウ　情報提供義務違反と保証契約の取消し

新法は、この情報提供義務の実効性を確保する観点から、主債務者がこの情報提供義務の履行を怠ったことにより、保証人が保証契約締結時における主債務者の財産状況等について誤認をし、それによって保証契約を締結した場合には、保証人は保証契約を取り消すことができるとしている（新法第465条の10第2項）。

もっとも、保証契約の相手方である債権者は、情報提供義務の当事者ではなく、この情報提供義務違反の有無を当然に知る立場にはないことから、このような債権者の立場にも配慮し、情報提供義務違反があることを債権者が知り、又は知ることができたときに限り、保証人は保証契約を取り消すことができるとしている（新法第465条の10第2項）。

2 個人根保証に関する改正等

(1) 極度額に関する改正（新法第465条の2関係）

ア 趣 旨

　平成16年の民法改正により、保証人が個人であって、金銭の貸渡し等によって負担する債務を主債務の範囲に含む貸金等根保証契約については、保証すべき債務が保証契約の締結後に追加されて保証人の責任が過大なものとなる可能性があるため、極度額を定めなければならないとされていた（旧法第465条の2）。しかし、この規律の対象とされた貸金等根保証契約以外の根保証契約についても、個人である保証人が予想を超える過大な責任を負うおそれがあり得る。そこで、法制審議会民法（債権関係）部会においては、この規律の適用対象となる根保証契約を拡大することの要否に関して調査審議が重ねられた。そして、下級審裁判例の中に、不動産の賃借人の債務を主債務の範囲に含む根保証契約に関し、賃借人が長期にわたり賃料を滞納した事案や、賃借人が賃借物件において自殺した事案において、親類や知人である個人保証人に過大な責任の履行を求めることが適切であるのかが問題となったものがあったことなどを踏まえ、これを拡大すべきであるとの意見が大勢を占めた。

　そこで、新法においては、極度額に関する規律の対象を保証人が個人である根保証契約（個人根保証契約）一般に拡大することとしている。

イ 具体的な内容

　個人根保証契約の保証人は、主債務の元本、主債務に関する利息、違約金、損害賠償その他その債務に従たる全てのもの及びその保証債務について約定された違約金又は損害賠償の額について、その全部に係る極度額を限度として、その履行をする責任を負い（新法第465条の2第1項）、個人根保証契約は、この極度額を定めなければ、その効力を生じない（同条第2項）。また、極度額は、書面又は電磁的記録上定めておく必要がある。極度額が書面

又は電磁的記録上定められていなければ極度額の定めは効力を生じないから（新法第465条の2第3項、第446条第2項・第3項）、当該個人根保証契約は、効力を生じない。

この極度額は、個人根保証契約の締結の時点で確定的な金額を書面又は電磁的記録上定めておかなければならない。例えば、不動産の賃借人の債務を主債務の範囲に含む個人根保証契約において、「極度額は賃料の4箇月分」と関係書類に記載されているのみでは、書面又は電磁的記録上具体的な金額の記載があるとはいえない場合があり、その個人根保証契約は無効となり得る。もっとも、例えば、個人根保証契約書に極度額は賃料の4箇月分と記載されているだけでなく、その契約書に賃料の月額が10万円と記載されるなどして、書面又は電磁的記録上、極度額は40万円であると確定することができるときは、極度額の定めがあるものとして、その個人根保証契約は有効である。

(2) 元本確定期日に関する改正の見送り（新法第465条の3関係）

法制審議会民法（債権関係）部会においては、保証人の責任を限定するため、元本確定期日に関する規律（旧法第465条の3）の対象を貸金等根保証契約以外の個人根保証契約一般に拡大することの要否が検討された。

しかし、貸金等根保証契約以外の個人根保証契約の典型例である、不動産の賃借人の債務を主債務の範囲に含む個人根保証契約についてこの規律を適用し、最長でも5年以内には元本が確定することとすると、賃貸人としては保証人の存在を前提として賃貸借契約を締結したにもかかわらず、5年を超えて賃貸借契約が存続した場合には、賃貸人は保証人がないまま賃貸を続けざるを得ないことになるという不都合が生ずるとの意見が有力に主張された。

他方で、新法においては、個人根保証契約一般について極度額を定めなければならないというルールを設けているから（新法第465条の2第2項）、元本確定期日に関する規律の対象を拡大しなくとも、保証人が予想を超える過

大な責任を負うといった事態は最低限回避が可能になるといえる。

　そこで、新法においては、元本確定期日に関する規律の対象を個人根保証契約一般に拡大することとはしていない（新法第465条の３参照）。なお、新法第465条の３では、元本確定期日に関する規律の対象となる保証（旧法における貸金等根保証契約）につき個人貸金等根保証契約との名称を付すなどの技術的な改正をしている。

(3)　元本確定事由に関する改正（新法第465条の４関係）

ア　趣　　旨

　平成16年の民法改正により、次の事由のいずれかが生じた場合には、当然に、貸金等根保証契約（新法においては、個人貸金等根保証契約に相当する）の元本が確定するとされていた（旧法第465条の４）。

①　債権者が、主債務者又は保証人の財産について、金銭の支払を目的とする債権についての強制執行又は担保権の実行を申し立てたとき。ただし、強制執行又は担保権の実行の手続の開始があったときに限る。

②　主債務者又は保証人が破産手続開始の決定を受けたとき。

③　主債務者又は保証人が死亡したとき。

　法制審議会民法（債権関係）部会においては、この元本確定事由に関する規律の対象を貸金等根保証契約以外の個人根保証契約一般に拡大することの要否について調査審議が重ねられたが、予想外の事態が生じた後にも個人保証人の責任が拡大することを防止する観点から、個人根保証契約一般に元本確定事由の規律を及ぼしていくべきであるとの意見が大勢を占めた。

　もっとも、①の事由のうち主債務者の財産について強制執行等の申立てがあったことと、②の事由のうち主債務者が破産手続開始の決定を受けたことという二つの事由については、これを個人根保証契約一般の元本確定事由とすることに否定的な意見が大勢を占めた。典型例といえる不動産の賃借人の債務を主債務の範囲に含む個人根保証契約について、これらの二つの事由によって元本が確定してしまうと、賃貸借契約はこれらの事由が生じても終了

しないため、賃貸人としては、保証人の存在を前提として賃貸借契約を締結したにもかかわらず、以後は保証人がないまま賃貸を続けざるを得ないことになるという不都合が生ずるからである。

　そこで、新法においては、これらの二つの事由は除外する形で、元本確定事由に関する規律を個人根保証契約一般に拡大している。

イ　元本確定事由の内容

　個人根保証契約においては、次のいずれかの場合には、元本が確定する（新法第465条の4第1項）。

①　債権者が、保証人の財産について、金銭の支払を目的とする債権についての強制執行又は担保権の実行を申し立てたとき。ただし、強制執行又は担保権の実行の手続の開始があったときに限る。

②　保証人が破産手続開始の決定を受けたとき。

③　主債務者又は保証人が死亡したとき。

　これに対し、個人貸金等根保証契約においては、前記①から③までのいずれかの場合に加え、さらに次のいずれかの場合にも、元本が確定する（新法第465条の4第2項）。

①　債権者が、主債務者の財産について、金銭の支払を目的とする債権についての強制執行又は担保権の実行を申し立てたとき。ただし、強制執行又は担保権の実行の手続の開始があったときに限る。

②　主債務者が破産手続開始の決定を受けたとき。

(4)　保証人が法人である根保証契約の求償権に関する改正（新法第465条の5関係）

ア　趣　旨

　新法においては、貸金等根保証契約以外の根保証契約についても、個人である保証人が予想を超える過大な責任を負うおそれがあり得るから、主債務の範囲に含まれる債務の種別を問わず、保証人が個人である根保証契約は、極度額を定めなければ、効力を生じないとしているが（新法第465条の2）、

保証人が法人である場合には、極度額の定めがなくても、根保証契約は効力を生ずる。

　もっとも、法人が根保証契約の保証人となった場合において、その法人が保証債務を履行することにより主債務者に対して取得する求償権に係る債務について、別途、個人を保証人とすることが実際には行われており、このケースにおいては、その個人保証人は、自らが根保証契約の保証人になるのと同様の状況に置かれているといえる。

　そこで、新法においては、そのような個人保証人が予想を超える過大な責任を負うことを防止するため、保証人が法人である根保証契約の求償権に係る債務を保証する保証人を保護する規定を置くこととしている。

イ　具体的な内容

　保証人が法人である根保証契約において極度額の定めがないときは、その根保証契約に基づいて発生する求償債務を個人が保証する保証契約が締結されたとしても、その保証契約は、その効力を生じないとしている（新法第465条の5第1項・第3項）。

　ただし、これは個人が「通常の保証」（根保証でないもの）をする場合に限って適用され、個人が不特定の求償債務を主債務の範囲に含む根保証契約を締結するときには、適用されない（新法第465条の5第1項）。この場合には、その根保証契約において極度額が定められなければ、その根保証契約は効力を生じず（新法第465条の2）、求償債務を主債務の範囲に含む根保証契約自体に極度額が定められることとなるから、それとは別に、保証人が法人である根保証契約自体に極度額の定めを要求する必要がないことによるものである。

　なお、新法第465条の5第2項は、元本確定期日に関する規定であるが、新法においては、元本確定期日に関する規律の対象を個人根保証契約一般に拡大することとはしていない（前記(2)参照）。そのため、同項及び同項の除外を定める同条第3項の内容も、旧法第465条の5が定めていた元本確定期日に関する規律と実質的に同内容である。

第2　改正の概要　15

3 事業のために負担した貸金等債務を保証する保証契約等の特則（新法第465条の6〜第465条の9関係）

(1) 特則を新設した趣旨

　事業のために負担した貸金等債務を保証する保証契約等においては、その保証債務の額が多額になりがちであり、保証人の生活が破綻する例も相当数存在するといわれている（注）。

　しかし、保証契約は個人的情義等に基づいて行われることが多いことや、保証契約の締結の際には保証人が現実に履行を求められることになるかどうかが不確定であることもあって、保証人の中には、そのリスクを十分に自覚せず、安易に保証契約を締結してしまった者も少なくないと指摘されている。

　法制審議会民法（債権関係）部会の審議においても、このように安易に保証人になってしまうことにより生活の破綻に追い込まれる事態を抑止するため、民法上、何らかの措置を講ずべきであるとの意見が大勢を占めた。もっとも、個人保証人の保護の行き過ぎにより、中小企業が融資を受けにくくなることを危惧する意見も、中小企業団体を中心に有力に主張された。

　そこで、新法においては、保証人が個人である事業のために負担した貸金等債務を保証する保証契約等について、中小企業の資金調達に支障が生じないようにしながらも、個人がリスクを十分に自覚せず安易に保証人になることを防止するため、このような保証を全面的に禁止するのではなく、公的機関である公証人が保証人になろうとする者の保証意思を事前に確認することとした上で、この意思確認の手続を経ていない保証契約を無効とするなどの特則を設けている。

> （注）　「貸金等債務」とは、「金銭の貸渡し又は手形の割引を受けることによって負担する債務」をいう（新法第465条の3第1項参照）。なお、詳細についてはQ43参照。

16　第1部　保証に関する改正の概要

⑵ 保証意思宣明公正証書が作成されていなければ効力を生じない保証契約

ア 事業のために負担した貸金等債務と保証契約

次の①から④までに掲げる保証契約は、事前に保証意思宣明公正証書が作成されていなければ、後記イに記載する場合を除いて、効力を生じない。

① 事業のために負担した貸金等債務を主債務とする保証契約（新法第465条の6第1項）

② 主債務の範囲に事業のために負担する貸金等債務が含まれる個人根保証契約（新法第465条の6第1項）

③ 前記①又は②の保証契約の保証人の主債務者に対する求償権に係る債務を主債務とする保証契約（新法第465条の8第1項前段）

④ 主債務の範囲に前記①又は②の保証契約の保証人の主債務者に対する求償権に係る債務が含まれる個人根保証契約（新法第465条の8第1項後段）

なお、ここでいう「事業」とは、一定の目的をもってされる同種の行為の反復継続的遂行をいい、「事業のために負担した（する）貸金等債務」とは、借主が借り入れた金銭等を自らの事業に用いるために負担した貸金等債務を意味する。また、「事業のために負担した（する）貸金等債務」に該当するか否かは、借主がその貸金等債務を負担した時点を基準時として、貸主と借主との間でその貸付等の基礎とされた事情に基づいて客観的に定まることになる。

イ 適用除外

公証人による保証意思の確認の制度は、保証人が個人である場合にその個人を保護するものであるため、保証人が法人である保証契約については、保証意思宣明公正証書の作成は不要である。また、保証人が個人であっても、保証人が主債務者の事業の状況を把握することができる立場にあり、保証人が保証のリスクを十分に認識せずに締結するおそれが定型的に低いと考えられる類型の保証契約についても、保証意思宣明公正証書の作成は不要であ

第2 改正の概要　17

る。

　具体的には、次の①から③までの保証契約は、前記アの保証契約に該当し
ても、保証意思宣明公正証書が作成されていないことを理由に効力が否定さ
れることはない（注１）。

①　保証人が法人である保証契約（新法第465条の６第３項、第465条の８第２
　項）

②　次のａからｃに掲げる者が保証人である保証契約

　ａ　主債務者が法人である場合のその理事、取締役、執行役又はこれらに
　　準ずる者（新法第465条の９第１号）

　ｂ　主債務者が株式会社である場合の次に掲げる者（注２）

　　ⅰ　総株主の議決権（株主総会において決議をすることができる事項の全
　　　部につき議決権を行使することができない株式についての議決権を除く。
　　　以下同じ）の過半数を有する者（同条第２号イ）

　　ⅱ　総株主の議決権の過半数を他の株式会社が有する場合における当該
　　　他の株式会社の総株主の議決権の過半数を有する者（同号ロ）

　　ⅲ　総株主の議決権の過半数を他の株式会社及び当該他の株式会社の総
　　　株主の議決権の過半数を有する者が有する場合における当該他の株式
　　　会社の総株主の議決権の過半数を有する者（同号ハ）

　ｃ　主債務者が株式会社以外の法人である場合において、前記ｂⅰからⅲ
　　に準ずる者（同号ニ）

③　主債務者が個人（法人でない者）である場合の次に掲げる者が保証人で
　ある保証契約（注３）（注４）

　ａ　主債務者と共同して事業を行う者（新法第465条の９第３号）

　ｂ　主債務者が行う事業に現に従事している主債務者の配偶者（同号）

　（注１）　本文ア③記載の求償権に係る債務を主債務とする保証契約及び同④
　　　　　記載の主債務の範囲に求償権に係る債務が含まれる個人根保証契約につ
　　　　　いては、求償権の発生原因である保証契約が本文イの類型の保証契約に
　　　　　該当したとしても、保証意思宣明公正証書の作成が不要となるものでは
　　　　　ない。保証意思宣明公正証書作成の要否は、本文ア③記載の求償権に係

18　第１部　保証に関する改正の概要

る債務を主債務とする保証契約自体又は同④記載の主債務の範囲に求償権に係る債務が含まれる個人根保証契約自体が本文イの類型の保証契約に該当するかどうかで定まる。

（注２）　本文イ②ｂの例外に該当するかどうかは、主債務者である株式会社の総株主の議決権の過半数を直接・間接に有するかどうかによって判断され、主債務者である株式会社を実質的に支配しているかどうかによって判断されるものではない。本文イ②ｃの例外についても、本文イ②ｂと同様に実質支配概念は用いられていない。

（注３）　主債務者が法人である場合におけるその法人の代表者等の配偶者が保証人である保証契約については、本文イ②のいずれかに該当しない限り、保証意思宣明公正証書の作成が不要となる者に該当しない。その法人の代表者等の事業承継予定者が保証人である保証契約も同様である。

（注４）　主債務者が個人である場合におけるその個人の事業承継予定者であっても、事業を承継する予定であるとの理由のみでは、本文イ③ａの「主債務者と共同して事業を行う者」に該当しない。実質的に「主債務者と共同して事業を行う者」に該当するか否かを判断する必要がある（**Q71**参照）。

ウ　保証意思宣明公正証書作成の要否と公証人による確認

保証意思宣明公正証書が作成されていなければ効力を生じない保証契約は前記ア及びイ記載のところによるが、保証人になろうとする者が締結しようとする保証契約がこれに該当することは、保証意思宣明公正証書を作成するための要件となるものではない。したがって、公証人は、嘱託をした者が締結しようとしている保証契約が保証意思宣明公正証書を作成しなければ有効に成立し得ないものであるかどうかについてまで判断する必要はない。仮に、嘱託をした者が締結しようとしている当該保証契約が保証意思宣明公正証書を作成せずとも有効に成立し得るものであっても、公証人は、そのことを理由に、保証意思宣明公正証書の作成を拒絶することまではできない。

(3)　保証意思宣明公正証書の法的性質等

保証意思宣明公正証書は、保証契約の締結という法律行為そのものを行うために作成するものではなく、その準備的行為として作成されるものであるため、法律行為に関する公正証書そのものではない。もっとも、その作成が

その後に締結される保証契約の有効要件となっているため、保証意思宣明公正証書は、法律行為に関する公正証書に準ずるものとして扱うのが相当である。

したがって、保証意思宣明公正証書の作成には、公証人法第26条や公証人法施行規則第13条など法律行為に関する公正証書に関する規定が適用又は類推適用されることになる。

なお、保証意思宣明公正証書は、保証人になろうとする者が口授したことを公証人が五感の作用により認識した結果としてそのまま記載すれば成立するものではなく、保証人になろうとする者が保証意思を有しており、そのことを公証人が確認しなければ成立しない（仮に、保証意思宣明公正証書が形式上作成されても、その作成時に保証人になろうとする者に保証意思がなければ、その後に締結される保証契約は無効となる）ものである。そのため、保証意思宣明公正証書は、いわゆる事実実験公正証書とは法的性質が異なるものである。

(4)　作成手続の概要

ア　保証意思宣明公正証書作成の嘱託

保証人になろうとする者の保証意思が公証される保証意思宣明公正証書は、公証人が保証人になろうとする者本人の口授等を直接受けて作成しなければならないとされている（新法第465条の6第2項）。したがって、保証人になろうとする者本人が直接公証人に対して作成の嘱託をしなければならず、代理人によって嘱託することはできない。

なお、保証意思宣明公正証書については公証役場についての管轄の定めなどはなく、いずれの公証役場においてもその嘱託をすることができる。

イ　作成時期・場所

保証人になろうとする者は、保証契約を締結する前に、保証意思宣明公正証書の作成を嘱託しておく必要がある（新法第465条の6第1項）。保証意思宣明公正証書は、保証契約締結の日前1箇月以内に作成されている必要があ

り（同項）、それ以前に保証意思宣明公正証書が作成されていても、また、保証契約締結前の嘱託に基づき保証契約締結後に作成をされた場合であっても、これをもって保証契約が有効になることはない。なお、保証意思宣明公正証書の作成日は、公証人による署名・押印などの手続が全て終了した日であり、その作成日は公正証書に記載されることになる（公証人法第36条第10号）。

　公証人は、原則として公証役場において職務を行わなければならないから（公証人法第18条第2項本文）、口授等は公証役場ですることになるが、その事件の性質上公証役場内での職務執行が不可能な場合（病気で出頭できない場合など）は、口授等を公証役場以外ですることもあり得る（同項ただし書）。

ウ　保証意思の確認

　保証意思宣明公正証書は、保証人になろうとする者に保証意思があることを確認した上で、口授・筆記等の法定の手続を踏まなければ、作成することができない。保証意思とは、真に保証のリスクを十分に理解した上でその保証契約を締結し、保証債務を履行する意思をいうが、ここでいう保証のリスクとは、単に保証契約の法的意味といったものではなく、その契約を締結しようとしている者自身が、当該保証債務を負うことによって直面し得る具体的な不利益を意味する。

　公証人は、保証意思を確認する際には、保証人になろうとする者が保証しようとしている主債務の具体的内容を認識しているかどうかや、保証契約を締結すれば保証人は保証債務を負担し、主債務が履行されなければ自らが保証債務を履行しなければならなくなることを理解しているかどうかを検証し、保証人になろうとする者が保証のリスクを十分に理解した上で、相当の考慮をして保証契約を締結しようとしているか否かを見極めなければならない。

　例えば、保証人になろうとする者が主債務の具体的な内容を理解しているかどうかに疑問がある場合には、主債務の内容を確認するように促すなどして、その理解の程度を確認しなければならない。また、保証人になろうとす

る者が保証契約の法的意味を理解しているかどうかに疑問がある場合には、主債務が履行されなかったときは自らが保証債務を履行しなければならなくなることや、保証の範囲には特段の定めがない限り、主債務の元本のほか利息、違約金、遅延損害金その他主債務に従たる全てのものが含まれること（民法第447条第1項）などについて保証人になろうとする者が理解しているかどうかを確認しなければならない。さらに、保証人になろうとする者が締結しようとしている契約が連帯保証契約である場合には、催告の抗弁及び検索の抗弁を主張することができないこと、分別の利益がないことについても、保証人になろうとする者が理解しているかどうかを確認しなければならない。

　また、当該保証債務を履行することができなければ、住居用の不動産を強制執行されて生活の本拠を失ったり、給与を差し押さえられて現在の生活の維持が困難になったり、預金を差し押さえられて当座の生活にも困窮したりするといった事態が生じ得ることを現に認識しているのかなどを確認し、その保証のリスクを具体的に理解しているのかを十分に見極めることが要請される。

　さらに、保証人になろうとする者がそのリスクを理解しているのかを確認するに当たっては、保証人になろうとする者が主債務者の財産状況等について認識しているのかを確認することも重要である。新法においては、保証のリスクを判断するために必要な情報を提供させる趣旨で、主債務者は、事業のために負担する債務についての保証の委託をするときは、保証人になろうとする者に対し、主債務者の財産及び収支の状況等に関する情報を提供しなければならないとしている（新法第465条の10）。保証意思を確認する際には、この情報提供義務に基づいて提供された情報も確認し、保証人になろうとする者がその情報も踏まえて保証人になろうとしているかを見極めることになる。保証人になろうとする者が主債務者の財産状況等の情報の提供を受けていないことが確認された場合には、公証人は、まずは情報の提供を受けるように促すことになるものと考えられる。

そのほか、仮に債権者や主債務者から強く保証人となることを求められたといった事情があることがうかがわれた場合には、保証のリスクを認識しているか否かをより丁寧に確認するのが適切であることから、保証意思の確認手法として、保証人になろうと決断した経緯についても確認することが考えられる。

なお、保証人になろうとする者に保証意思がないにもかかわらず、公証人が保証意思宣明公正証書を作成することは民法上予定されておらず、仮にそのような状態で公正証書が作成されたとしても、それは民法が予定する保証意思宣明公正証書には該当しない。したがって、保証意思がないのに保証意思宣明公正証書が形式上作成されるということがあったとしても、保証意思が保証意思宣明公正証書によって表示されていないため、新法第465条の6第1項所定の要件を欠き、保証契約は無効になる。

仮に保証人になろうとする者の保証意思を確認することができない場合には、公証人は、無効な法律行為等については証書を作成することができないとする公証人法第26条に基づき、公正証書の作成を拒絶しなければならないこととなる。

エ　公証人に対する口授及び公証人による筆記等

㋐　口授・筆記等

保証意思が確認され、保証意思宣明公正証書を作成するに際し、保証人になろうとする者は、公証人に対し、主債務の内容など法定された事項を口授する（口頭で述べる）（新法第465条の6第1項・第2項第1号）。保証人になろうとする者が口がきけない者である場合には、法定された事項を通訳人の通訳により申述し、又は自書して、口授に代えなければならない（新法第465条の7第1項）。

公証人は、保証人になろうとする者が口述（又は通訳人の通訳による申述若しくは自書）した内容を筆記し、これを保証人になろうとする者に読み聞かせ、又は閲覧させる（新法第465条の6第2項第2号、第465条の7第1項）。保証人になろうとする者が耳が聞こえない者である場合には、公証人は、筆記

第2　改正の概要　23

した内容を通訳人の通訳により保証人になろうとする者に伝えて、この読み聞かせに代えることができる（同条第2項）。

(イ) 口授・筆記等の対象となる事項

例えば、次の各保証契約においては、次の事項を口授・筆記等することになる（新法第465条の6第2項第1号・第2号）。なお、求償債務を主債務とする保証契約又は主債務の範囲に含む根保証契約については、**Q59・Q60**参照。

① 事業のために負担した貸金等債務を主債務とする通常の保証契約の場合（新法第465条の6第2項第1号イ・第2号）

  a 主債務の債権者及び債務者

  b 主債務の元本と従たる債務（利息、違約金、損害賠償等）についての定めの有無及びその内容

  c 主債務者がその債務を履行しないときには、その債務の全額について履行する意思を有していること。ただし、連帯保証の場合には、債権者が主債務者に対して催告をしたかどうか、主債務者がその債務を履行することができるかどうか、又は他に保証人があるかどうかにかかわらず、その全額について履行する意思を有していること。

② 主債務の範囲に事業のために負担する貸金等債務が含まれる根保証契約の場合（新法第465条の6第2項第1号ロ・第2号）

  a 主債務の債権者及び債務者

  b 主債務の範囲、根保証契約における極度額、元本確定期日の定めの有無及びその内容

  c 主債務者がその債務を履行しないときには、極度額の限度において元本確定期日又は元本確定事由が生ずる時までに生ずべき主債務の元本及び従たる債務の全額について履行する意思を有していること。ただし、連帯保証の場合には、債権者が主債務者に対して催告をしたかどうか、主債務者がその債務を履行することができるかどうか、又は他に保証人があるかどうかにかかわらず、その全額について履行する意思を有して

24 第1部 保証に関する改正の概要

いること。

(ウ) 口授の際の書面の利用

保証人になろうとする者が前記(ア)(イ)のとおり口授する際に、その内容の正確性を担保するためや、記憶を喚起するため、あらかじめ準備していた契約書の草案等の書類やメモ等を補充的に参照すること自体は、直ちに禁止されるものではない。また、保証人になろうとする者の事実誤認などがうかがわれる場合に、公証人が保証人になろうとする者から提出された手元の資料をみて、事実誤認を指摘することも、直ちに禁止されるものではない。

もっとも、新法第465条の6第2項第1号に掲げる方式に従ったものといえるためには、保証意思宣明公正証書の作成が要求された趣旨からしても、同号イ及びロに定めた事項を保証人になろうとする者が個別に口授することが必要であり、例えば、保証人になろうとする者が「契約書に記載したとおり。」などと述べるにとどまり、公証人も各口授事項について保証人になろうとする者の理解を確認しなかったという場合には、同号の口授がされたとはいえない。

保証人になろうとする者が個別に口授する場合であっても、メモ等の参照や公証人の指摘は、飽くまでも正確性の担保等のために、補助的に用いるべきものである。したがって、公証人は、保証人になろうとする者にメモ等を参照させたり、事実誤認を指摘したりした場合には、その保証意思を慎重に確認しなければならないものと考えられる。例えば、定額で定められた主債務の額などの基本的かつ単純な事項についてもメモ等を参照しなければ口授することができない場合や、保証人になろうとする者がメモ等を読み上げるのみで、その具体的な意味を質問しても十分な説明をすることができない場合などには、保証人になろうとする者が口授すべき事項の内容を十分理解しているとは認められず、保証意思宣明公正証書を作成することは許されないものと考えられる。

(エ) 筆記の際の書面の引用

公証人は、公正証書を作成する際には前記(ア)のとおり保証人になろうとす

第2　改正の概要　25

る者の口述を筆記して公正証書に記載することになるが、一般に公正証書においては他の書面を引用することができ（公証人法第40条参照）、保証意思宣明公正証書においても、公証人は保証人になろうとする者の口述を筆記する際に書面を引用することも許される。

　ただし、一般に公正証書において他の書面を引用することができるといっても、それは、他の書面を補充的・補完的に利用することを前提としているものであり、公正証書に本旨とすべき法律行為の要綱を記載せずに、契約書等の書面の全部を引用するのは相当でなく、許されない。したがって、他の書面を引用することができるのは、細目的な事項についてのみであり、少なくとも主債務者や債権者、主債務の元本の額や極度額について書面を引用することは許されないと解される。

オ　署名・押印等

　保証意思宣明公正証書を作成するには、前記エのとおり口授・筆記等がされた後に、保証人になろうとする者が、公証人が証書に記載した内容が正確なことを承認して、署名・押印する必要がある（新法第465条の6第2項第3号）。ただし、保証人になろうとする者が署名することができない場合は、公証人がその事由を付記して、署名に代えることができる（同号ただし書）。なお、保証人になろうとする者が外国人である場合は、署名のみで足り、押印は必要でない（明治32年法律第50号（外国人ノ署名捺印及無資力証明ニ関スル法律）第1条）。

　その上で、保証意思宣明公正証書を作成するには、公証人は、その証書が新法第465条の6第1項第1号から第3号までの方式に従って作ったものである旨を付記して、これに署名・押印する必要がある（新法第465条の6第2項第4号）。また、保証人になろうとする者が口がきけず、あるいは耳が聞こえない者であったために新法第465条の7第1項又は第2項の方式に従って保証意思宣明公正証書を作成した場合には、公証人は、その旨をその証書に付記しなければならない（同条第3項）。

26　第1部　保証に関する改正の概要

⑸ 通達の発出

保証意思宣明公正証書の作成に関しては、法務省民事局長名で、「民法の一部を改正する法律の施行に伴う公証事務の取扱いについて（通達）」（法務省民総第190号）が発出されている。公証人は、保証意思宣明公正証書を作成する際には、この通達の内容を遵守しなければならない。

この通達自体は、公証人の行動準則を定めるものであり、公証人がこの通達を遵守していないことのみを理由に、保証意思宣明公正証書が無効となることはないが、通達は法律の内容に沿って作成されたものであり、通達を遵守していないだけでなく新法が要求する要件も充たしていないと評価された場合には、保証意思宣明公正証書が無効となることはいうまでもない。

■4 その他の改正

保証に関しては、前記1から3までのほか、次のような改正をしている。

⑴ 保証人の負担と主債務の目的又は態様（新法第448条第2項関係）

保証人の関与なくその負担が加重されるのは相当でないことから、旧法下の一般的な解釈に従い、主債務の目的又は態様が保証契約の締結後に加重されたときであっても、保証人の負担は加重されない旨を明文化している（新法第448条第2項）。

⑵ 主債務について生じた事由の効力（新法第457条第2項及び第3項関係）

保証債務は主債務の履行を担保するものであることを踏まえ、旧法下の一般的な解釈に従い、主債務者が債権者に対して抗弁を主張することができる場合には、保証人も主債務者の有するその抗弁（弁済・相殺や免除による主債務の消滅、主債務者についての同時履行の抗弁など）をもって債権者に対抗することができる旨を明文化している（新法第457条第2項）。そのため、保証

第2 改正の概要 27

人は、債権者からの保証債務の履行請求に対し、例えば、主債務者が相殺を
したため主債務が消滅していると主張して保証債務の履行を拒絶することが
できる。

　また、旧法下の一般的な解釈に従い、主債務者が債権者に対して相殺権、
取消権又は解除権を有するときは、これらの権利の行使によって主債務者が
その債務を免れることになる限度において、保証人は、債権者に対して債務
の履行を拒むことができる旨を明文化している（新法第457条第3項）。なお、
主債務者が相殺権等を行使した後は、前記のとおり、同条第2項が適用され
る。

(3)　連帯保証人について生じた事由の効力（新法第458条関係）

　旧法第458条は、連帯債務に関する旧法第434条等の規定を準用し、連帯保
証人について生じた事由は、原則として、主債務者に対してはその効力を生
じないとした上で、履行の請求、更改、相殺及び混同については、主債務者
に対してもその効力を生ずるとしていた（注1）。

　しかし、連帯保証人に履行の請求があった場合に主債務者に対してもその
効力が生ずるとすると、そのような履行の請求があったことを当然には知ら
ない主債務者が不測の損害を被るおそれがあった。

　他方で、連帯保証人について生じた事由が原則として主債務者に対してそ
の効力を生じないとする旧法の規律は合理的であり、維持すべきであるが、
債権者と主債務者との間で連帯保証人に生じた事由が主債務者に効力を生ず
ることを合意していた場合には、その合意に従った効力を認めても不当では
ない。

　そこで、新法は、以上を踏まえ、基本的には旧法の規律を維持しつつ、①
連帯保証人に対する履行の請求については主債務者に対してその効力を生じ
ないと変更するとともに、②債権者及び主債務者が別段の意思を表示してい
た場合には、連帯保証人に生じた事由（履行の請求や時効の完成等）の主債務
者に対する効力は、その意思に従う旨の規律を新たに設けている（新法第

28　第1部　保証に関する改正の概要

458条において準用する第441条）（注２）（注３）。

（注１）　旧法第458条は、旧法第436条第２項（連帯債務者の一人に相殺権がある場合には、その相殺権を有する連帯債務者の負担部分の限度で、他の連帯債務者も相殺を援用することができる）、旧法第437条（免除は、免除を受けた連帯債務者の負担部分についてのみ、他の連帯債務者の利益のためにも、その効力を生ずる）及び旧法第439条（時効の完成は、時効が完成した連帯債務者の負担部分の限度で、他の連帯債務者にも効力が及ぶ）の規定もそれぞれ形式上準用していた。しかし、連帯保証については、最終的に債務を負担すべきであるのは常に主債務者であり、連帯保証人は負担部分を有していない。そのため、負担部分があることを前提とするこれらの規定は、旧法の下でも実質的には準用される余地はないものと考えられていた。そこで、新法においては、旧法第436条第２項に相当する新法第439条第２項を準用の対象から除外している（なお、旧法第437条及び第439条に相当する規定は新法においては設けられていない）。

（注２）　旧法第458条はその条見出しのとおり連帯保証人について生じた事由の効力を定める規定であったが、同条本文は「……の規定は、主たる債務者が保証人と連帯して債務を負担する場合について準用する。」としており、主債務者について生じた事由に関するものにも適用のある規定と誤読するおそれもあった。そのため、新法においては、「……の規定は、主たる債務者と連帯して債務を負担する保証人について生じた事由について準用する。」とし（新法第458条）、連帯保証人について生じた事由の（主債務者に及ぼす）効力を定める規定であることを明確化している。

（注３）　新法第458条は、旧法と同様、連帯保証人について生じた事由が主債務者に及ぼす効力について定めるものであり、共同保証に関し、ある保証人について生じた事由が他の保証人について及ぼす効力について定めるものではない。したがって、この問題の取扱いは、旧法と同様に解釈に委ねられているが、例えば、連帯保証人が複数いる場合に関し、旧法では、連帯債務に関する規定が類推適用されると解するのが有力であるが、新法の下でも、この解釈と同様に、改正された連帯債務に関する規定を類推適用することが考えられる。

第２　改正の概要　29

(4) 保証人の求償権 (注)

ア 委託を受けた保証人の求償権の範囲 (新法第459条並びに第459条の2第1項及び第2項関係)

旧法下の一般的な解釈に従い、委託を受けた保証人が債務の消滅行為をした場合に保証人が主債務者に対して有する求償権の額は、原則として保証人が支出した財産の額になるが、保証人の支出した財産の額が消滅した主債務の額を超えるときは、消滅した主債務の額になる旨を明文化している (新法第459条第1項)。

また、保証人が主債務の弁済期前であるのに主債務について債務の消滅行為をすることは、主債務者の委託の趣旨に反すると考えられること等を踏まえ、委託を受けた保証人が主債務の弁済期前に債務の消滅行為をした場合には、委託を受けない保証人が債務の消滅行為をした場合 (旧法第462条参照) と同様に求償権の額は主債務者がその当時利益を受けた限度に限られるとし (新法第459条の2第1項前段)、例えば、相殺権を行使すれば現実に弁済をする必要がなかった場合など主債務者が利益を受けたといえないケースについては、保証人は主債務者に求償することができないこととしている。

さらに、求償可能な法定利息は主債務の弁済期以後のものに、費用その他の損害賠償も弁済期以後に債務消滅行為をしたとしても避けることができなかったものに、それぞれ限られるとしている (新法第459条の2第2項)。

なお、新法においては、主債務者が債務の消滅行為の日以前に相殺の原因を有していたことを主張するとき (前記のとおりこの主張をすることによって主債務者は求償を拒絶することができる) は、保証人は、債権者に対し、その相殺によって消滅すべきであった債務の履行を請求することができるとしている (新法第459条の2第1項後段)。これは、主債務者に求償することができない保証人に債権者から回収をする手段を確保させるため、保証人に対して消滅すべきであった債務の履行を請求することができるとしたものである。

30 第1部 保証に関する改正の概要

イ　委託を受けない保証人の求償権の範囲（新法第462条第１項関係）

　旧法第462条第１項は、委託を受けないで保証をした者（主債務者の意思に反して保証をした者については、同条第２項参照）の求償権につき規定を置いていたが、新法では、求償権の範囲につきこれと基本的に同内容を定めた新法第459条の２第１項が新設されたことを踏まえ、同項を準用する形式に改めたものであり、委託を受けない保証人の求償権の具体的内容は、旧法と新法では基本的に変更はない。ただし、新法においては、委託を受けない保証人から求償を求められた主債務者が相殺権を有していることを理由に求償を拒絶した場合について、保証人は、主債務者に代わって、その相殺権の行使によって消滅すべきであった債権者が主債務者に対して負担する債務の履行を債権者に対して請求することができるとの規律が新たに設けられている（新法第462条第１項において準用する新法第459条の２第１項後段）。その理由は、前記アと同様（主債務者に求償することができない保証人に債権者から回収をする手段を確保させるため）である。

ウ　弁済期前の弁済と求償権行使の時期の制限（新法第459条の２第３項及び第462条第３項関係）

　主債務の弁済期前に債務の消滅行為をした保証人が弁済期前に求償権を行使することを認めると、主債務者は期限の利益を喪失したのと同じ結果となるため、旧法下の判例（大判大正３年６月15日民録20輯476頁）に従い、保証人は、主債務の弁済期前に債務の消滅行為をしたとしても、主債務の弁済期以後でなければ、求償権を行使することができない旨を明文化している（新法第459条の２第３項。なお、同様の規律が同項の準用により委託を受けない保証人や主債務者の意思に反する保証人にも設けられている（新法第462条第３項））。

（注）　新法第465条第１項は、分別の利益のない共同保証人間の求償権に関し、連帯債務に関する新法第442条から第444条までの規定を準用しているが、連帯債務者の一人に免除等があった場合の他の連帯債務者の有する求償権について定める新法第445条の規定については準用していない。もっとも、これは、共同保証に関し、保証人の一人について生じた事由が他の保証人について及ぼす影響については特に定めを置かず、解釈に委ねることとし

た（前記(3)（注３）参照）ため、新法第445条（同条は、連帯保証人の一人に対して免除等があってもそれは他の連帯保証人に対して効力が及ばないことを前提としている。旧法第437条及び第439条並びに新法441条参照）を準用するかどうかについても規定は置かず、解釈に委ねることとしたものであり、同条の準用を積極的に否定することまで意図するものではない。例えば、連帯保証人が複数いる場合に関し、改正された連帯債務に関する規定が類推適用されるものと考え（前記(3)（注３）参照）、連帯保証人の一人に免除があり、又は時効が完成しても、その効力は他の連帯保証人に及ばないと解釈するのであれば、求償権についても、新法第445条と同様に、他の連帯保証人は、免除がされ、又は時効が完成した連帯保証人に対しても、求償権を行使することができると解釈することになるものと解される。

(5)　**事前求償権（新法第460条等関係）**

旧法第459条のうち、保証人が主債務者の委託を受けて保証をした場合において、過失なく債権者に弁済をすべき旨の裁判の言渡しを受けたときは、保証人は、主債務者に対して求償権を有するとの部分について、これが保証人において実際に債権者に弁済をする前に事前求償権を行使することができる旨を定めたものであることを明確にするため、事前求償権についての条文である新法第460条に規定を移している（同条第３号）。

また、旧法第460条第３号は、委託を受けた保証人は、債務の弁済期が不確定で、かつ、その最長期をも確定することができない場合において、保証契約の後10年を経過したときは、事前求償権を行使することができるとしていたが、実務においても、この規定による事前求償権はほとんど利用されておらず、この規定があったとしても事前求償権を行使することは困難であるため、新法においては、この規律を廃止することとし、この規定を削除している。

(6)　**事前又は事後の通知**

ア　委託を受けた保証人による事前通知（新法第463条第１項関係）

委託を受けた保証人の求償に関し、旧法第463条第１項は、連帯債務者の

一人が履行の請求を受けた場合の事前通知について定める旧法第443条第1項前段を準用していたが、新法は、このように他の条文を引用する形式から、具体的な内容を書き下ろす形式に変更することとした上で、委託を受けた保証人は、履行の請求を受けた場合だけでなく、履行の請求を受けずに自発的に債務の消滅行為をする場合であっても、主債務者に事前通知をしておかなければ、主債務者は、債権者に対することができた事由をもってその保証人に対抗することができるとしている（新法第463条第1項前段）。

　また、主債務者は債権者に対することができた事由をもってその保証人に対抗することができるため、委託を受けた保証人があらかじめ通知しないで弁済などの債務の消滅行為をした場合において、主債務者が相殺権を有していたときは、主債務者は、相殺権を有していたことを理由に求償を拒むことができるが、この場合には、旧法（旧法第463条第1項及び第443条第1項後段参照）と同様、その保証人は、債権者に対し、その相殺権の行使によって消滅すべきであった債権者の主債務者に対する債務の履行を請求することができる（新法第463条第1項後段）。

イ　委託を受けた保証人に対する主債務者の事後通知（新法第463条第2項関係）

　主債務者が債務の消滅行為をした後に、保証人が新たに債務の消滅行為をしても、既に主債務が消滅しているから、保証人の行為は原則として無効となり、保証人は、主債務者に対し、求償することはできないが、新法第463条第2項は、主債務者が債務の消滅行為をしたが、委託を受けた保証人にその旨を通知することを怠ったため、その保証人が善意で債務の消滅行為をしたときは、その保証人は自己がした債務の消滅行為を有効であったものとみなすことができるとしており、これにより、保証人は主債務者に対して求償することができる。以上のことは、旧法（旧法第463条第2項及び第443条第2項参照）でも同様であった（その内容は改正前後で特段の変更はない）が、新法では、他の条文を準用する形式ではなく、具体的な内容を書き下ろす形式に変更することとしている。

ウ 保証人の事後通知等（新法第463条第3項関係）

旧法では、保証人が債務の消滅行為をした場合であっても、主債務者がその後ではあるものの自らが債務の消滅行為をしたことを理由として、保証人からの求償を拒絶することができる場合がある。具体的には、①保証人が主債務者の意思に反して保証をした場合（旧法第462条第2項により求償権は主債務者が現に利益を受けている限度でしか認められない）と、②保証人が債務の消滅行為をしたことを主債務者に通知せず、主債務者が善意で債務の消滅行為をした場合である（旧法第463条第2項において準用する旧法第443条第2項）。新法では、以上のような規律について他の条文を準用する形式ではなく、具体的な内容を書き下ろす形式に変更することとしているが、その内容は改正前後で基本的に変更はない（新法第463条第3項）。ただし、旧法第463条第1項では、保証人が主債務者の意思に反して保証をした場合にも、事後通知の制度に関する旧法第443条第2項の規定が準用されていたが、保証人が主債務者の意思に反して保証をした場合には、通知の有無にかかわらず、求償権は主債務者が現に利益を受けている限度でしか認められず（旧法第462条第2項）、この場合にも旧法第443条第2項の規定を準用する意味が乏しいことから、新法では、主債務者の意思に反する保証人については事後通知の制度の対象から外している（新法第463条第3項参照）。

エ 委託を受けない保証人と事前通知の廃止

旧法第463条第1項は、旧法第443条第1項を準用し、委託を受けない保証人が主債務者に事前通知をしなければ、主債務者は、債権者に対抗することができた事由をもってその保証人に対抗することができるとしていたが、委託を受けない保証人について、いずれにしても求償権の制限を受ける（新法第462条第1項において準用する新法第459条の2第1項前段参照）ため、事前通知の制度の対象から外している（新法第463条第1項参照）。

第 **2** 部

Question & Answer

第1 情報提供義務

1 主債務の履行状況に関する情報提供義務（新法第458条の2関係）

Q 1

主債務の履行状況に関する情報の提供（新法第458条の2）は、どのような形で行うことになるのか。

A

新法においては、主債務者の委託を受けて保証をした保証人の請求があったときは、債権者は、保証人に対し、遅滞なく、主債務についての不履行の有無等に関する情報を提供しなければならないこととしている（新法第458条の2）。

情報の提供方法は法定されていないため、債権者は、書面又は電磁的記録などを用いずとも、口頭でその提供をすることもできる。

もっとも、情報の提供をしたかどうか、どのような情報の提供をしたのかについて後に紛争が生じないようにする観点からは、書面又は電磁的記録などを用いて、情報の提供をすることが望ましいと考えられる。

Q2

債権者が主債務の履行状況に関する情報提供義務（新法第458条の2）の履行を怠った場合に、保証人は債権者に対してどのような請求をすることができるのか。

A

債権者において主債務の履行状況に関する情報提供義務（新法第458条の2）の履行を怠った場合（注）には、通常の債務不履行があった場合と同様に、保証人は、債権者を被告として情報の提供をするように請求する訴えを裁判所に提起することができるほか（新法第414条第1項）、その義務違反によって損害を被ったときは債権者に損害賠償を請求することもできる（新法第415条）。損害としては、例えば、主債務者が履行遅滞に陥っていることを認識できていれば、早期に弁済をすることができた場合において、情報の提供を受けなかったために不必要に負担することとなったと認められた遅延損害金などが考えられる。

なお、情報提供義務は、保証契約に付随して負担する義務に過ぎず、通常その違反は「債務の不履行が……軽微であるとき」（新法第541条）に該当するから、原則として、その義務違反を理由に保証契約自体を解除することはできないと解される。

（注）　情報提供義務の履行を怠ったケースとしては、そもそも情報を提供しなかったケースのほか、主債務者が情報を提供したがその情報が誤っていたり、その提供が遅滞なくされなかったケースがある。

Q3

　債権が譲渡された場合には、債権の譲受人が主債務の履行状況に関する情報提供義務を負うのか。情報提供義務を負うとして、その義務の内容はどのようなものか。また、債権の一部が譲渡された場合には、どうか。

A

1　債権の全部が譲渡された場合

　履行状況に関する情報提供義務は、債権者が負担するものであり、債権に付随する義務であるから、債権が譲渡された場合には、債権の譲受人がその情報提供義務を負うことになると考えられる。

　また、債権者は、請求を受け、実際に情報の提供をする際には、その段階での、正しい情報を提供する義務を負っているものと解される。したがって、債権の譲受人が、情報の提供を求められた場合には、当該譲受人は、債権譲渡がされた後の主債務の支払状況だけでなく、債権譲渡がされる前の主債務の支払状況も踏まえ、主債務の残額などについて正確な情報を提供しなければならない。

　例えば、額面1000万円の貸金債権が譲渡された場合において、当該譲渡がされる直前に、主債務者が500万円を弁済していたが、そのことを譲受人が知らず、保証人の請求に対して、主債務の残額は1000万円であるとの情報を提供したときには、譲受人は、履行状況に関する情報提供義務の履行を怠ったことになる。ただし、このような場合に、譲受人が損害賠償義務を負うのかは、当該義務の不履行が譲受人に責めに帰することができない事由（新法第415条第1項ただし書）によるものであるかどうかによって左右されることになる。最終的には事案ごとの判断になるが、債権譲渡の際に、譲受人は、譲渡人から一部弁済の存否を含めて情報提供義務の対象となる債権の内容に

ついて説明を受けることが通常で、そのことに特に困難も伴わないと考えられるから、譲受人が譲渡人から一部弁済の存否について情報提供を受けることを怠り、それによって虚偽の情報を提供した場合には、譲受人の責めに帰することができない事由によるものであるとはいえないこととなろう。他方で、譲受人が譲渡人から積極的に一部弁済はされていないなどと虚偽の説明をされ、譲受人が当該説明を信じていた場合には、譲受人の責めに帰することができない事由によるものであると評価されることが多いと思われる。

なお、債権の全部が譲渡された場合において、債務者対抗要件（新法第467条）が備わっていないときには、保証人は、引き続き、譲渡人に対して情報提供義務の履行を求めることができる。保証人は、主債務者が主張することができる抗弁をもって債権者に対抗することができる（新法第457条第2項）のであり、譲渡人は、債権の譲渡がされたことを主債務者だけでなく保証人に対しても対抗することができず、情報提供義務の履行を拒むことができないと解されるからである。

2　債権の一部が譲渡された場合

債権の一部が譲渡された場合には、譲渡人及び譲受人は、いずれも債権者であるので、いずれも履行状況に関する情報提供義務を負担することになる。ただし、情報提供義務を負う範囲は、譲渡人は残部について、譲受人は譲渡された部分についてである。例えば、1000万円の貸金債権のうち600万円の部分が譲渡された場合には、譲渡人は残部である400万円の部分について情報提供義務を負い、譲受人は600万円の部分について情報提供義務を負う。また、例えば、1000万円の貸金債権につき、200万円が弁済された後に、当該債権の一部としてその残額である800万円の部分のみが譲渡された場合には、譲渡人は既に弁済により消滅した200万円の部分について情報提供義務を負い、譲受人は残額部分である800万円の部分について情報提供義務を負う。ただし、1000万円の貸金債権につき、200万円が弁済された後に、残額は800万円であるケースにおいても、一部弁済の事実を何らかの事情により知らなかったために当該債権の全部が譲渡された場合など債権の全

部が譲渡される場合もあるから、一部弁済がされた後に譲渡をする場合には、残額部分のみを一部譲渡としているのか、債権の全部を譲渡しているのかを明確にすることが望ましいと思われるが、特に指定がなければ、通常は、残額部分のみが譲渡されていると認定するのが合理的であると考えられる。

なお、譲受人は、譲渡された債権の一部について、譲渡がされた後の支払状況だけでなく、譲渡がされる前の支払状況も踏まえ、譲渡された債権の一部について正確な情報を提供しなければならないことなどは、債権の全部が譲渡された場合と同様である（前記1参照）。そのため、譲渡を受けた債権に係る遅延損害金の額などについては、譲渡がされた後の支払状況だけでなく、譲渡がされる前の支払状況も踏まえて正確な情報を提供する義務を負うことになる。

Q 4

第三者が弁済をし、弁済による代位（新法第499条）がされる場合には、弁済者が主債務の履行状況に関する情報提供義務を負うのか。

A

弁済による代位（新法第499条）がされる場合には、弁済によって消滅するはずの債権者の債務者に対する債権及びその担保権は、代位弁済者に移転すると解されている（最判昭和59年5月29日民集38巻7号885頁）。したがって、第三者が弁済をし、弁済による代位がされる場合には、債権の譲渡がされた場合（**Q3の1**参照）と同様に、第三者が履行状況に関する情報提供義務を負うことになるものと解される。

なお、第三者が債務の一部について弁済をし、一部弁済による代位（新法第502条）がされる場合には、債務の一部が譲渡された場合（**Q3の2**参照）と同様に解される。

Q 5

　主債務者から委託を受けないで保証をした保証人から主債務の履行状況に関する情報提供の依頼がされた場合には、債権者は、情報を提供することができるのか。

A

　新法第458条の2は、保証人が主債務者の委託を受けて保証をした場合に、債権者に主債務の履行状況に関する情報の提供義務を課すものであり、委託を受けずに保証をした保証人に対する情報の提供を義務付けるものではない。

　もっとも、新法第458条の2は、委託を受けないで保証をした保証人に対する情報の提供を禁止する規定ではない。最終的に、委託を受けないで保証をした保証人から主債務の履行状況に関する情報提供の請求があった場合において債権者が情報の提供をすることができるのかについては、他の法令や個々の契約において、当該情報の提供が禁止されているかどうかによって決まることになる。

42　第2部　Question & Answer

② 主債務が期限の利益を喪失した場合における情報提供義務
（新法第458条の3関係）

Q6

主債務者が期限の利益を喪失したことを債権者が知らなかったが、これを知り得べきであったケースにおいては、債権者は情報提供義務（新法第458条の3）を負うのか。

A

債権者が主債務者の期限の利益の喪失の事実を実際には知らないが、知り得べきであったというケースについては、債権者は新法第458条の3に基づく情報提供義務を負わない。同条の情報提供義務違反の効果は、保証人に対して遅延損害金の請求をすることができなくなるという極めて重大なものであり、期限の利益の喪失を現に知らない場合にまで、その義務を債権者に課すのは相当ではないと考えられたことによるものである。

Q6　43

Q7

　主債務者が支払期限を単に徒過したに過ぎない場合には、債権者は保証人に対して期限の利益喪失時における情報提供義務を負わないのか。

A

　新法においては、保証人が個人である場合において、主債務者が期限の利益を喪失したときは、債権者は、保証人に対し、その利益の喪失を知った時から2箇月以内に、その旨を通知しなければならないこととしている（新法第458条の3第1項）。

　ここでいう主債務者が期限の利益を喪失したときとは、例えば、分割金の支払を1回でも怠れば直ちに債務の全額を一括して支払うとの特約に基づいて、主債務者が債務の全額について期限の利益を失うことなどをいう。これに対し、主債務者が分割返済の約定のある貸金債務について分割金の支払を怠ったが、期限の利益の喪失の約定がされていないため、残債務の期限の利益を喪失しない場合は、単なる支払期限の徒過に過ぎないから、期限の利益の喪失には当たらない。

　このように、支払期限を単に徒過したに過ぎない場合については、債権者は保証人に対して上記の情報提供義務を負わない。これは、①保証人の負担すべき遅延損害金の額は、主債務者が期限の利益を喪失し、直ちに全額弁済をすべき義務を負うような場面では多額となりがちであり、それと比較すれば、期限の利益を喪失しない場合における主債務の遅延損害金についての保証人の負担はそれほど大きいとはいえないこと、他方で、②支払期限を単に徒過した場合に常に情報提供義務を課すことになると、債権者の負担が過大になることなどを考慮したためである。

Q 8

主債務者の期限の利益喪失時における情報提供義務に関して、債権者が2箇月以内に通知書を発送したが2箇月以内に保証人に届かなかった場合にはどのように扱われるのか。

A

　新法においては、債権者は、個人である保証人に対し、主債務者が期限の利益を喪失したことを知った時から2箇月以内に、主債務者が期限の利益を喪失したことを通知しなければならないこととしている（新法第458条の3第1項）。ここでいう「通知」は、ある事実を他人に知らせることであり、「観念の通知」と呼ばれるものであるが、観念の通知には、意思表示に関する規定が基本的に類推適用されると解されているため、通知書が相手方に到達しなければ通知の効力を生じず（新法第97条第1項参照）、「通知」をしたとはいえないこととなる。

　したがって、主債務者が期限の利益を喪失したことを債権者が知った時から2箇月以内に通知書が保証人に届かなかった場合には、この義務に違反したことになり、債権者は、その通知が現に保証人に届くまでの遅延損害金の支払を保証人に対して請求することができないこととなる（新法第458条の3第2項）。

Q 9

　保証人の所在が不明であるため、期限の利益喪失の通知の送付先が分からないケースにおいては、債権者はどのような対応をすることが考えられるのか。

A

　保証契約の締結後に保証人の所在が不明となり、債権者が保証人に期限の利益喪失の通知をすることが事実上困難となった場合であっても、期限の利益の喪失によって生じた遅延損害金に関し保証債務の履行を請求するためには、債権者は、保証人に期限の利益喪失の通知をしなければならない（新法第458条の3）。このような場合には、債権者は、裁判所に申立てをすることにより、公示の方法によって保証人への通知をすることが可能である（注）。

　このほか、現在の金融実務などにおいては、意思表示や通知をすることが困難な事態に対処するため、債権者と保証人との間で、あらかじめ、①保証人の住所に変更があったときには保証人は債権者に直ちに届出をすること、②保証人がその届出を怠ったため債権者からされた通知が延着又は到達しなかった場合には、通常到達すべき時に到達したものとみなす旨の特約がされている。この特約は、民法上は直ちにその効力が否定されることはないものと解され、債権者としては、このような特約がある場合には、債権者の把握する旧住所に通知を送付することも許されるものと解される。

　（注）　表意者が相手方の所在を知ることができないときは、「公示による意思表示」をすることができる（民法第98条）。公示による意思表示は、裁判所に申立てをしてするものであり、裁判所の掲示板への掲示及び官報への掲載などを行うことによって、相手方に意思表示が到達したものとみなすものである。「公示による意思表示」は、いわゆる観念の通知（事実の通知によって一定の法的効果が発生するものであり、期限の利益喪失の通知もこれに該当する）のように厳密には意思表示とはいえないものにも利用する

46　第2部　Question & Answer

ことができると解されている（裁判所の掲示板への掲示及び官報への掲載
などにより、通知したものとみなされる）。

Q10

　債権が譲渡された場合には、債権の譲受人が期限の利益を喪失した場合における情報提供義務を負うのか。債権の一部が譲渡された場合には、どうか。

A

　新法第458条の３に基づく情報提供義務は債権に付随する義務であるから、債務者が期限の利益を喪失し、債権者がその期限の利益の喪失を知ったが、保証人に通知をしないままに、その債権が譲渡された場合には、債権の譲受人が情報提供義務を当然に引き継ぐことになる。そのため、この場合には、債権の譲受人は、債権の譲渡人が債務者の利益の喪失を知った時から２箇月以内に、通知をしなければならず、これをしなかったときは、遅延損害金に係る保証債務の履行を請求することができない。また、以上のことは、債権者が期限の利益の喪失を知ってから通知がされないまま２箇月が経過した後に債権が譲渡された場合であっても同様であり、この場合には、債権の譲受人は、保証人に対して債権の譲受人が通知を現にするまでに生じた遅延損害金に係る保証債務の履行を請求することはできない。

　なお、債務者が期限の利益を喪失したが、そのことを債権者が知らないまま債権の譲渡がされた場合には、債権の譲受人は、当該期限の利益の喪失を知った時から２箇月以内に、そのことを通知しなければ、保証人に対して遅延損害金に係る保証債務の履行を請求することができない。

　債権の一部譲渡がされた場合には、譲渡人と譲受人のそれぞれが、その有する債権の部分について、上記のとおり義務を負う。

Q11

　債権者が債権の管理又は回収の業務を委託した場合において、期限の利益を喪失したことを受託者が知ったときは、その知った時から2箇月以内に期限の利益喪失の通知が保証人に到達しなければ、債権者及び受託者は、保証人に対して遅延損害金に係る保証債務の履行を請求することはできないのか。

A

　債権者が債権の管理又は回収の業務を委託した場合には、その受託者は債権者と同視することができるから、期限の利益を喪失したことを受託者が知ったときは、債権者自身が知ったときと同様に、債権者は、受託者が知った時から2箇月以内に通知すべき義務を負うことになると解される。したがって、主債務者が期限の利益を喪失し、受託者がそのことを知ったときは、その知った時から2箇月以内に、債権者自身又は受託者が保証人に対して期限の利益喪失の通知をしなければ、債権者及び受託者は、保証人に対し、遅延損害金に係る保証債務の履行を請求することができない。

　なお、債権者が債権の管理又は回収の業務を委託した場合において、期限の利益を喪失したことを受託者は知らなかったが、債権者自身が知ったときは、債権者が知った時から2箇月以内に期限の利益喪失の通知が保証人に到達しなければ、債権者及び受託者は、遅延損害金に係る保証債務を履行することはできない。

Q12

　期限の利益を喪失した場合における情報提供義務の履行を債権者が怠った場合に保証人に生ずる効果は、どのようなものか。債権者が情報提供義務の履行を怠ったにもかかわらず、保証人に対して遅延損害金に係る保証債務の履行を請求し、保証人がそれに応じて金銭を弁済した場合には、保証人は、その後に金銭の返還を請求することができるのか。

A

　保証人が個人である場合に、主債務者が期限の利益を喪失し、債権者において主債務者が期限の利益を喪失したことを知ったときには、債権者は、保証人に対し、利益の喪失を知った時から2箇月以内に、主債務者が期限の利益を喪失したことを通知しなければならない（新法第458条の3第1項・第3項）。

　債権者は、期限の利益の喪失を知った時から2箇月以内にこの通知をしなかったときは、保証人に対し、期限の利益を喪失した時から通知を現にするまでに生じた遅延損害金（期限の利益を喪失しなかったとしても生ずべきものを除く）を請求することができないことになる（新法第458条の3第2項）。

　仮に、情報提供義務の履行を怠っているにもかかわらず、債権者が保証人に対して遅延損害金に係る保証債務の履行を請求し、保証人がそれに応じて金銭を支払った場合には、そもそも保証契約が無効であるのに保証人として弁済をした場合と同様に、保証人は、債権者に対して支払ったその金銭の返還を請求することができることになると解される。

Q13

　期限の利益を喪失した場合における情報提供義務の履行を債権者が怠った場合に、債権者は主債務者に対して期限の利益が喪失したことを前提に遅延損害金を計算し、請求することができるのか。また、この場合における主債務及び保証債務の充当計算は、どのように行うことになるのか。

A

1　債権者に対する遅延損害金の請求

　債権者が期限の利益を喪失した場合における情報提供義務の履行を怠った場合に遅延損害金（期限の利益を喪失しなかったとしても生ずべきものを除く）の請求ができなくなるのは、飽くまでも保証人との関係だけである。

　したがって、債権者は、期限の利益を喪失した場合における情報提供義務の履行を怠った場合であっても、主債務者に対しては、通常どおり、期限の利益が喪失したことを前提に遅延損害金を計算し、請求することができる。

2　主債務と保証債務との充当計算

　前記1のとおり、情報提供義務の履行を怠った場合に、債権者は、主債務者には、期限の利益を喪失したことを前提に遅延損害金を請求することができるが、保証人に対しては遅延損害金を請求することができない。

　この場合の弁済充当であるが、例えば、主債務の元本が100万円であり、期限の利益を喪失したことを前提とする遅延損害金が1万円、期限の利益を喪失していなくとも発生する遅延損害金が1万円の合計2万円の遅延損害金が生じたケースにおいて、保証人が51万円を支払ったとする。

　保証人との関係では、遅延損害金1万円と元本50万円に充当され、主債務の残元本は50万円となるが、債権者は主債務者に対しては期限の利益を喪失したことを前提に遅延損害金を請求することができたので、主債務者との関

Q13　51

係では、その支払はまず2万円の遅延損害金に充当され、主債務の元本は51万円になると考えられる（新法第489条参照）。

他方で、前記の事例において、保証人ではなく、主債務者が52万円を支払ったときには、まず2万円の遅延損害金に充当され、主債務の残元本は50万円となる。主債務者が支払ったときには、保証人について別に計算をすることにはならないので、保証人との関係でも、主債務の元本は50万円となる（50万円の主債務の元本と1万円の遅延損害金を前提に52万円が弁済され、主債務の元本が49万円になるものではない）と解される。

ただし、弁済をする者と弁済を受領する者との間に弁済の充当の順序に関する合意があるときは、以上とは異なり、その順序に従い、その弁済を充当することになる（新法第490条）。そのため、充当計算を簡便なものとすることを希望する債権者としては、例えば、保証人及び主債務者との間で、保証人又は主債務者の弁済を遅延損害金等ではなく元本に充当する旨の合意をしておくことが考えられる。

Q14

　期限の利益を喪失した場合における情報提供義務について、債権者は、保証人が主債務者の期限の利益の喪失を知っていた場合には、この義務の履行を怠ったとしても、保証人に対して遅延損害金に係る保証債務の履行を請求することができるのか。また、債権者ではなく、債務者が保証人に対して通知をした場合にも、債権者は保証人に対して遅延損害金に係る保証債務の履行を請求することはできないのか。

A

1　保証人の主観と情報提供義務等

　期限の利益を喪失した場合における情報提供義務は保証人に対して主債務者の期限の利益喪失を知る機会を保障するものであるから、保証人が主債務の期限の利益喪失を知っていたときにまで、そのような義務を課すのは相当でないとも思われる。しかし、保証人が知っていたときに情報提供義務を課さないこととすると、期限の利益の喪失を知りながら通知を怠った債権者は、保証人は知っていたと主張して、遅延損害金の請求の可否について争うことができるようになり、実際には期限の利益の喪失を知らなかった保証人までもがそのような争いに巻き込まれるといった弊害を生ずるおそれがある。また、保証人が期限の利益の喪失を知っていたことを知らない債権者についてまで、偶然に保証人が期限の利益を喪失していたことを知っていたからといって、通知懈怠による不利益から免責し、保護する必要があるのかについては大きな疑問がある。

　そもそも、新法第458条の3は、その文言上、主債務者が期限の利益を喪失したことを保証人が知っていたことを情報提供義務の免除事由又は情報提供義務懈怠の免責事由とはしていないのであり、規定にない免除事由又は免

Q14　53

責事由を解釈論として認めることは、文言に反し、困難であるといわざるを得ない。

　そのため、保証人が債務者の期限の利益の喪失を知っていた場合であっても、債権者は、情報提供義務を負うのであり、通知を怠りながら、主債務者が期限の利益を喪失したことを保証人が知っていたことを理由に、遅延損害金に係る保証債務の履行を請求することができることにはならないと解される。

　なお、以上のことは、主債務者が期限の利益を喪失したことを保証人が知っていることを債権者が保証人との間で確認した後に、その確認とは別に書面等で改めて通知をする義務を負うのかといったこととは、別の問題である。このように保証人が知っていることを債権者が保証人との間で確認した場合には、その保証人との間での確認のやりとりをもって通知が行われていると評価することができる場合も多く、それとは別に書面等で改めて通知をする必要はない。もっとも、そのような確認をした際には、保証人が通知を受けたことを証明する書面等を作成しておくと、後の紛争を防止するのに、有用であると解される。

2　通知の主体

　新法第458条の3は、その文言上、債権者が通知をしなければならないとしているから、主債務者といった債権者以外の者が、保証人に対して通知をしても、債権者は情報提供義務を免れず、自ら期限の利益喪失の通知をしない限り、保証人に対して遅延損害金に係る保証債務を請求することはできない。

　なお、第三者（主債務者も含む）に委託をするなど債権者が第三者を利用して通知することは可能であり、第三者が債権者からの受託者として通知をすれば、有効な通知となり、情報提供義務は履行されたことになる。

3 契約締結時の情報提供義務（新法第465条の10関係）

Q15

　どのような保証契約を委託する際に、主債務者は、契約締結時の情報の提供義務（新法第465条の10）を負うのか。例えば、保証契約に基づく求償債務の保証を委託する際にも、主債務者は情報提供義務を負うことになるのか。

A

　契約締結時の情報提供義務は、①事業のために負担する債務を主債務とする保証、又は②主債務の範囲に事業のために負担する債務が含まれる根保証を委託する際に、主債務者が負う（新法第465条の10第1項）。ここでいう事業のために負担する債務は、「貸金等債務」に限られるものではない（注）。

　保証契約に基づく求償債務の保証を委託する際にも、当該求償債務の保証が前記①又は②のいずれかに該当すれば、主債務者は、契約締結時の情報提供義務を負う。例えば、Aが事業のために負担する債務をBが保証し、AがBに負う求償債務の保証をCに委託するケースにおいては、通常、Aが負う求償債務も事業のために負担する債務であると考えられるため、AはCに対して契約締結時の情報提供義務を負う。

（注）　新法においては、公証人による保証意思確認の手続の対象を、事業のために負担する貸金等債務を個人が保証する場合に限るとしているが、他方で、契約締結時の情報提供義務の対象は、事業のために負担する債務を個人が保証する場合としていて、対象範囲には差が設けられている。保証意思確認の手続は、保証意思宣明公正証書を作成せずに締結した保証契約を直ちに無効とするという極めて強力なものであるし、その手続を経ることは保証人自身にとっても一定の負担となるものであるため、その対象を、特に問題が指摘されている事業のために負担する貸金等債務を個人が保証する場合に限ることとしたものである。他方で、保証契約締結時の主債務

Q15　55

者による情報提供義務は、これに違反したからといって、保証契約が直ちに無効となるものではなく、保証意思確認の手続と比較すれば、その効果は強力なものではないし、そのような情報提供を受けることが保証人にとっても負担となるものではないため、この情報提供義務の対象は必ずしも限定的なものとはされていない。

Q16

主債務者は、主債務者が法人である場合のその取締役等（新法第465条の9参照）に対して事業のために負担する債務の保証を委託する際にも、契約締結時の情報提供義務を負うのか。

A

新法第465条の9は、主債務者が法人である場合のその取締役等が保証人である保証契約は、保証意思宣明公正証書の作成がなくとも、有効に成立するとしている。

他方で、契約締結時の情報提供義務には、そのような定めはなく、主債務者は、主債務者が法人である場合のその取締役等に対し、保証を委託する際にも、契約締結時の情報提供義務を負うことになる。

もっとも、主債務者が法人である場合に、委託を受けて保証人になろうとする者がその法人の代表者（代表権を有する取締役など）であるときには、その者は、「貸借対照表」や「損益計算書」といった情報提供義務の履行として提示すべき資料を既に有し、その内容も十分に把握していることも少なくないと思われる。そのため、そのようなケースについては、全くの第三者に対して委託をするケースとは異なり、委託の際に資料などを改めて提示をせずとも、代表者が資料を有していること等を確認するなどの簡易な方法をとれば足りると解される。代表権を有しない取締役等についても、その職務の内容や状況によっては、簡易な方法をとれば足りると解されることもあると考えられる。

Q16 57

Q17

　契約締結時の情報提供義務に基づいて提供すべき情報とは、どの時点の情報であるのか。例えば、委託の際に情報を提供したが、その後保証契約が締結されるまでの間に財産状況等が大きく変更した場合には、主債務者は、改めて情報を提供する義務を負うのか。

A

　契約締結時の情報提供義務は、委託を受けて事業のために負担する債務の保証人になろうとする者は、主債務者の財産や収支の状況等をあらかじめ把握し、保証債務の履行を現実に求められるリスクを検討した上で、保証人になるかどうかを決定するのが適切であるとの観点から主債務者に課せられるものである。そして、保証人になろうとする者が、主債務者の財産や収支の状況等をあらかじめ把握し、保証債務の履行を現実に求められるリスクを検討するためには、保証契約の締結よりも前に、当該情報の提供を受ける必要がある。

　もっとも、保証人になるかどうかを最終的に決定するのは、保証契約締結時であるため、主債務者としては、その決定時である保証契約締結時の情報を適切に提供する必要がある。

　そのため、主債務者は、保証人になろうとする者に対して、保証を実際に依頼する際には、その時点での情報を提供することになるが、その依頼から保証契約の締結までの間に日数を要し、その間に保証人になるかどうかを決定するのに影響を与える程度に資産状況等に著しい変更等が生じた場合には、改めて情報を提供する必要があると考えられる。

Q18

　事業のために負担する債務を保証することを委託する際に、主債務者において保証人になろうとする者に提供しなければならない情報とは、どのようなものか。委託をする際に、主債務者は主債務の内容も説明しなければならないのか。

A

　新法においては、事業のために負担する債務を保証することを個人に委託する際に、主債務者は、①財産及び収支の状況、②主債務以外に負担している債務の有無並びにその額及び履行状況、③主債務の担保として他に提供し、又は提供しようとするものがあるときは、その旨及びその内容に関する情報を提供しなければならないこととしている（新法第465条の10）。

　他方で、主債務者が保証を委託する際に、主債務の内容を説明すること自体は、法律上要求されていない。

　もっとも、保証契約（根保証契約を除く）はある特定の債務を主債務として保証するものであるから、保証人になろうとする者が主債務の内容を全く認識しないまま保証契約を締結することは通常は想定されず、保証を委託する際や保証契約を締結する際に、主債務者又は債権者は主債務の内容（法律的な意味内容）を説明すべきであると考えられる。

Q18　59

Q19

「財産及び収支の状況」（新法第465条の10第1項第1号）に関する
情報の提供に当たっては、どのような資料を提供すればよいのか。

A

　新法においては、主債務者は「財産及び収支の状況」について情報を提供
する義務を負うとするのみで、その具体的な内容については明記していない
が、保証人になろうとする者において保証のリスクを判断するのに必要な情
報を提供するとの観点から、適切に情報を提供する必要がある。

　具体的にどのような資料を提供すべきであるのかは、個別の事案ごとに判
断せざるを得ないが、例えば、主債務者が一般的な企業であるときは、基本
的には、財産の状況についての情報としては「貸借対照表」を、収支につい
ての情報としては「損益計算書」を提供することになると考えられる。ま
た、事業をしている個人（個人事業主）であるときは、確定申告書や確定申
告の際の財産債務調書などを提供することが考えられる。

　もっとも、既存の貸借対照表や損益計算書等の作成時期と情報提供すべき
時期とが大きくずれ、既存の貸借対照表や損益計算書等の提供では、適切な
情報を提供することができない場合には、別途その後の状況を把握すること
ができる資料を作成の上で、情報を提供するほかないと考えられる。

　なお、「貸借対照表」などの書類を資料として提供した場合に、保証人に
なろうとする者から、その内容について説明を求められたが、主債務者が、
書類に書いてあるとおりであるなどといって説明を拒んだ場合には、「貸借
対照表」などの書類を提供していたとしても、適切な情報の提供がなく情報
提供義務の履行を怠ったと評価されることがあることに注意する必要があ
る。

Q20

「主たる債務以外に負担している債務の有無並びにその額及び履行状況」（新法第465条の10第1項第2号）に関する情報の提供に当たっては、どのような資料を提供すればよいのか。

A

新法においては、主債務者は「主たる債務以外に負担している債務の有無並びにその額及び履行状況」について情報を提供する義務を負うとするのみで、その具体的な内容については明記していないが、保証人になろうとする者において保証のリスクを判断するのに必要な情報を提供するとの観点から、適切に情報を提供する必要がある（注）。

具体的にどのような資料を提供すべきであるのかは、個別の事案ごとに判断せざるを得ないが、例えば、主債務者が一般的な企業であるときは、基本的には、「貸借対照表」を提供することになると考えられる。また、事業をしている個人（個人事業主）であるときは、確定申告の際の財産債務調書などを提供することが考えられる。

もっとも、既存の貸借対照表の作成時期と情報提供すべき時期とが大きくずれ、既存の貸借対照表の提供では、適切な情報を提供することができない場合には、別途その後の状況を把握することができる資料を作成の上で、情報を提供するほかないと考えられる。

また、「履行状況」についての情報とは、要するに、履行遅滞があるのかどうかであるから、情報を提供すべき段階で、履行遅滞がある場合には、そのことを伝える必要がある。

（注）　新法第465条の10第1項第1号の「財産及び収支の状況」における「財産」には消極財産も含まれるので、「主たる債務以外に負担している債務の有無並びにその額及び履行状況」（同項第2号）との間では、提供されるべき情

報に重複があるが、実際に情報を提供した際には、両者を併せて情報提供
義務の履行がされたものと扱われるものと考えられる。

Q21

主債務者が債務を負っていることを争っている場合にも、主債務者は、当該債務の内容について保証人になろうとする者に情報提供する義務を負うのか。例えば、主債務者は債務を負っていないと認識しているが、第三者から金銭の支払を求められている場合には、第三者の主張に基づいて債務についての情報を保証人になろうとする者に提供する必要があるのか。

A

新法では、主債務者は「主たる債務以外に負担している債務の有無並びにその額及び履行状況」に関する情報を提供する義務を負うとしているが、主債務者が当該債務の存在を認めているのか、あるいは知っていたのかといった事情は、この義務を負うことの要件とされておらず、その結論を左右しない。したがって、仮に、訴訟を提起されるなど第三者から金銭の支払を求められているが、他方で、主債務者自身はこれを争っているなど、債務の存否について争いがある場合にも、実際には主債務者が債務を負っていたのであれば、主債務者は、当該債務について情報を提供する義務を負っていたことになる。もちろん、実際には主債務者が債務を負っていなかったのであれば、主債務者は、当該債務について情報を提供する義務を負っていなかったことになる。

また、主債務者が当該債務の存在を認めている、若しくは知っていること、又は主債務者に帰責事由があることは、情報提供義務の違反を理由とする保証契約の取消しの要件とはされていない。そのため、債務の存否について争いがある場合に、こういった事情の不存在を理由に、情報提供義務の懈怠を理由とする保証契約の取消しを否定することはできない。もっとも、情報提供義務を懈怠した事実を債権者が知り、又は知ることができたことが、

保証契約の取消しの要件とされているので、債権者において、主債務者が債務を負うことについて知ることができ、情報提供義務を懈怠した事実を知ることができたと評価されれば、保証契約の取消しは認められるが、最終的には、事案ごとの判断になる。

　したがって、主債務者が債務を負っているか否かについて争いがある場合にも、主債務者としては、特に、その額からして保証契約の締結の判断に影響を与えるものについては、あらかじめ保証人になろうとする者に情報を提供しておくべきであると解される。

Q22

「主たる債務の担保として他に提供し、又は提供しようとするもの」（新法第465条の10第1項第3号）に関する情報の提供に当たっては、どのような資料を提供すればよいのか。

A

　新法においては、主債務者は「主たる債務の担保として他に提供し、又は提供しようとするものがあるときは、その旨及びその内容」について情報を提供する義務を負う。

　情報提供の対象となるのは、主債務者自身が設定し、又は設定しようとしている抵当権等の物的担保のほか、主債務者が委託し、又は委託しようとしている第三者設定の物的担保や、主債務者が委託し、又は委託しようとしている保証（人的担保）についての情報である。

　また、法律上は、担保に関してどのような情報を提供する必要があるのか、その具体的なところは明記されていないが、例えば、抵当権であれば、被担保債権の範囲（例えば、主債務の全部がその被担保債権とされているか否か）のほか、保証人になろうとする者において抵当権の設定された不動産を調査することができる程度に当該不動産を特定するに足りる情報を含め、抵当権設定契約の内容を説明しなければならないものと解される。その他の詳細な情報（例えば、抵当権の対象となっている土地の価格など）を提供することも許されるが、その情報が事実と異なっていた場合には、新法第465条の10第2項に基づいて保証契約が取り消されることがあることには注意を要する。

Q23

　主債務者が情報提供義務（新法第465条の10）の履行を怠ったことを理由に、保証人が保証契約を取り消すための要件は、どのようなものか。例えば、債権者が知ることができたとは、どのようなものか。

A

1　保証契約の取消しの要件

　情報提供義務違反を理由とする保証契約の取消しの要件は、次のとおりである（新法第465条の10第2項）。

① 所定の事項についての情報を提供しなかったこと、又は提供した情報が事実と異なっていたこと。

② ①により、保証人が当該事項に関して誤認をし、それによって保証契約を締結したこと。

③ 債権者が①について知り、又は知ることができたこと。

　なお、情報を提供しなかったこと、又は提供した情報が事実と異なっていたことについて主債務者に故意又は過失があったこと（帰責事由があったこと）は、情報提供義務違反を理由とする保証契約の取消しの要件とはされていない。

2　情報の不提供等

　「情報を提供しなかったこと」又は「提供した情報が事実と異なっていたこと」が要件である。例えば、主債務者が何らの情報も提供していなかった場合は、「情報を提供しなかったこと」に該当する。また、主債務者が、自らの所有する時価2000万円の土地について、当該土地の時価は1000万円であるなどと虚偽の説明をしたときは、「提供した情報が事実と異なっていたこと」に該当する。

66　第2部　Question & Answer

なお、事案によっては、「情報を提供しなかったこと」と「提供した情報が事実と異なっていたこと」の両要件に該当することもある。例えば、主債務者が主債務以外にも多額の借入金があるにもかかわらず、借入金はないなどと説明した場合は、多額の借入金があるとの情報を提供しなかったとの意味では「情報を提供しなかった」ことに該当するし、借入金がないとの情報が虚偽であるとの意味では「提供した情報が事実と異なっていたこと」にも該当する。

3　情報の不提供等と保証契約締結との因果関係

　主債務者が所定の事項についての情報を提供しなかったこと、又は提供した情報が事実と異なっていたことから、保証人が当該事項に関して誤認し、それによって保証契約を締結したという因果関係が存することが要件である。

　主債務者が情報提供をせず、又は提供した情報が事実と異なっていたとしても、保証人が実際の情報を知っていた場合には、誤認していないので、この要件に該当しない。

　また、例えば、主債務者が主債務を被担保債権として自己の土地に抵当権を設定していたが、そのことを伝えなかった場合には、「情報を提供しなかった」との要件に形式的には該当するが、ほかに担保がある方が保証人にとって有利であり、担保がないとの事実は保証人が負うリスクを高めるものであるため、通常は、抵当権を設定したことを伝えていれば保証契約を締結しなかったとはいえず、「保証人が当該事項に関して誤認し、それによって保証契約を締結した」とはいえないと考えられる。

4　債権者の主観

　主債務者が情報を提供しなかったこと、又は主債務者が提供した情報が事実と異なっていたことについて、債権者が知り、又は知ることができたことが要件である。

　ここでいう「知ることができた」といえるかどうかは、当該事案における具体的な事実関係を前提に判断されることになる。債権者は積極的に財務状

況を調査する義務まで負うものではないと解されるが、例えば、債権者が知っている主債務者の状況等から考えて、通常であれば、あまりにリスクが高く、およそ第三者が保証をするとは考え難いという場合には、主債務者が情報を提供しなかったことを「知ることができた」と評価され得るものと考えられる。また、債権者が債務者の情報提供内容をよく認識していなかったが、債権者は債務者の提供した情報が虚偽であることを容易に知ることができたのに、あえて確認をしなかったという場合も、他の事情と相まって「知ることができた」と認定されることがあるものと考えられる。

Q24

　債権者は、主債務者が保証人に対して情報を提供したかどう
か、また、提供した情報の内容について確認する義務を負うの
か。また、法的な義務を負っていないとしても、債権者は、主債
務者の情報提供義務の履行について、積極的に確認すべきか。

A

　新法第465条の10は、主債務者が適切に自己の財産状況に関する正確な情
報を提供したかを債権者において積極的に確認すること自体を義務付けるこ
とはしていない。そのため、実際にそのような確認をしなかったからといっ
て、それ自体で義務違反に問われることはなく、その意味ではそのような確
認をするかどうかは債権者の判断に委ねられている。

　他方で、新法は、情報提供義務の懈怠を理由とする保証契約の取消しを認
めているが、このような取消しが生ずるリスクを回避する観点からは、債権
者は、主債務者に対して適切に情報を提供することを強く促すほか、不適切
な情報の提供がないように実際にどのような情報を提供しているのかを積極
的に確認すべきであると考えられる。また、この保証契約の取消しの要件で
ある「債権者が知り又は知ることができた」との関係でいえば、主債務者が
適切に情報を提供していなかった場合に、①主債務者が適切に情報を提供し
たのかを債権者において適切な方法で確認をしたが、債権者において適切に
情報を提供していなかったことを見抜けなかったケースと、②そもそも債権
者において何らの確認をしなかったケースとを比較すれば、通常は、前者の
ケースの方が「債権者が知り又は知ることができた」と評価されにくいと考
えられる。

　したがって、債権者は、主債務者が保証人に対して提供したかどうか、ま
た、提供した情報の内容について確認する直接的な法的義務を負っているも

のではないが、債権者は、主債務者の情報提供義務の履行について積極的に
確認すべきであると考えられる。

Q25

　債権者が、主債務者と保証人から情報提供義務の履行について
受けた表明保証について、注意すべき点にはどのようなものがあ
るのか。

A

　表明保証は、民法に明文の規定がない概念であるが、現代の取引において
多く用いられており、その法的性質については議論がある。新法における契
約締結時の情報提供義務に関しても、債権者が主債務者と保証人から表明保
証を受けることが考えられる。

　具体的にどのような内容の表明保証がされるのか（例えば、主債務者は一
定の情報を提供したとの事実のみを表明保証するのか、主債務者は情報提供義務
を適切に履行した（新法第465条の10第1項に規定する義務を履行した）ことも表
明保証するのかなど）については、様々な可能性があり得る（注）が、例え
ば、次のような点には注意を要するものと考えられる。

1　保証契約の取消しの可否との関係

　例えば、保証人が主債務者は適切に情報提供義務を履行したと表明保証を
した場合に、そのことを理由に、保証契約の取消しが否定されるとの法的効
果が生ずるのかが問題となり得るが、そのような効果が認められることはな
い。このような効果を認めることは、保証契約の取消権の事前放棄を認める
ことと同義であるが、保証人保護を図る新法第465条の10の趣旨からみて、
このような事前放棄が認められないことは明らかであるからである。なお、
主債務者が情報提供義務を適切に履行しておらず、そのことを保証人も認識
しながら表明保証をしたケースに限定して、保証契約の取消しを否定すると
の法的効果を認めるべきであるとの見解もあり得るが、このようなケースで
保証契約の取消しが認められないのは、主債務者が情報提供義務を適切に履

Q25　71

行しなかったことと、保証契約の締結との間に因果関係が認められず、保証契約の取消しの要件を充たさないからであると説明すれば足り、表明保証の効果として導く必要はない。また、主債務者が情報提供義務を適切に履行したと主債務者が表明保証をした場合に、そのことを理由に保証契約の取消しが否定されるとの法的効果が生じないことは、いうまでもない。

そのほか、主債務者と保証人から主債務者が情報提供義務を適切に履行したとの表明保証をしたことが、「債権者が知り又は知ることができた」（新法第465条の10第2項）との要件を否定する方向での事情になり得るかも問題になる。

もっとも、債権者において主債務者の提供した情報の内容などを確認したとの事情がなく、単に保証人や主債務者から表明保証を受けていたというだけであったケースについては、債権者が知っていなかったとの認定をするための間接事実の一つにはなり得るとしても、債権者が知ることができたとの要件を否定するための間接事実として決定的なものとは解されない。

2 保証人に対する損害賠償請求との関係

保証契約の取消しが認められたことを前提に、表明保証がされていたとして、債権者が保証人に対して損害（例えば、主債務者から回収できなかった債務相当額）の賠償を求めることができるのかが問題となり得る。

例えば、保証人が、主債務者は情報提供義務を適切に履行した（新法第465条の10第1項に規定する義務を履行した）との表明保証をし、そのことが認められなかった場合には損害賠償金を支払うとの約定がある場合に、実際には主債務者が何らの情報提供をしていなかったときは、最終的には事案ごとの判断ではあるが、表明保証を理由に損害賠償が認められることはあり得ると思われる（もっとも、このときには、保証人において主債務者が情報提供をしていないことを認識しており、そもそも保証契約の取消しが認められるのかも問題となり得る）。他方で、この場合に、提供すべき情報の一部が欠けており、又は提供した情報に虚偽が含まれていて、新法第465条の10第2項の規定により保証契約が取り消されたときは、結果として表明保証が適切ではなかっ

たことになるが、保証人において主債務者が提供すべき情報が欠けていたことや、提供した情報が虚偽であったことを認識しながら、積極的に虚偽の表明保証をしたといった事情がある場合は別として、単なる表明保証違反を理由として、保証人に対する損害賠償を認めることは、新法第465条の10の趣旨に反しており、許されないものと考えられる。

　さらに、例えば、保証人が、主債務者が情報提供義務を適切に履行したこと（新法第465条の10第1項に規定する義務を履行したこと）までは表明保証をしないが、主債務者が保証人に一定の情報を提供したとの表明保証をし、それが事実に反した場合には損害賠償金を支払うとの約定がある場合において、実際には主債務者が何らの情報提供をしていなかったときは、最終的には事案ごとの判断ではあるが、表明保証を理由に損害賠償が認められることはあり得ると思われる（保証契約の取消しが認められるのかが問題となることについては、前記と同様である）。他方で、この場合に、提供すべき情報が一部欠けていた、又は提供した情報が虚偽であったときは、保証人は主債務者が情報提供義務を適切に履行したことまでは保証していないので、表明保証を理由に損害賠償を認めることは困難であると思われる。

3　主債務者に対する損害賠償請求との関係

　保証契約の取消しが認められたことを前提に、表明保証がされていたとして、債権者が主債務者に対して損害の賠償を求めることができるのかが問題となり得るが、主債務の債務不履行に基づく損害賠償請求や、一種の詐欺的な行為による不法行為に基づく損害賠償請求に加えて、このような表明保証に基づく損害賠償請求を許容する実益はそれほど高くないものと考えられる。

　以上1から3までのとおり、契約締結時の情報提供義務に関し、表明保証がされた場合において、当該表明保証の法的効果としてどのようなものが生ずるのかについては慎重に検討すべき点が多く、債権者は、表明保証を理由として、安易に、保証人との間で保証契約の取消しの効果を争ったり、損害賠償請求をしたりするといったことがないように十分に注意すべきである。

（注）　どのような内容の表明保証がされるのかは、事案ごとの当事者の判断に
　　委ねられているが、保証人に主債務者は情報提供義務を適切に履行した（新
　　法第465条の10第1項に規定する義務を履行した）ことまで表明保証させる
　　ことは、情報提供義務の懈怠のリスクを保証人に負担させようとするもの
　　であり、契約締結時の情報提供義務を定めた法の趣旨からしても適切でな
　　いし、本文にもあるとおりそのような表明保証に法的な意味を認めること
　　は問題が多いため、このような表明保証を保証人にさせることについては、
　　慎重であるべきと思われる。

Q26

　主債務者が契約締結時の情報提供義務に基づき情報を提供した上で委託をし、その委託に基づき、事業のために負担する債務を保証する保証契約が締結された場合に、その保証契約を「更新」する際にも、主債務者は、再度、情報を提供しなければならないのか。

A

　例えば、契約期間を令和3年（2021年）3月31日までとする基本契約に基づき主債務者が事業のために負うこととなる債務につき、主債務者の委託に基づき、保証契約が締結されている場合において、当該基本契約の契約期間が令和5年（2023年）3月31日までに延長されたことに伴い、債権者と保証人が合意により当初の保証契約を「更新」し、延長された基本契約に基づく債務についても保証人が保証をすることがある。

　このように合意により当初の保証契約を更新することは、結局、合意により保証人が新たに保証債務を負うものであり、保証契約の締結と区別する理由はない。そして、主債務者は、合意により更新する時の情報を適切に提供する義務を負っているのであり、当初の契約締結時に情報を提供したことをもって、情報提供義務を履行したとはいえない。

　したがって、契約締結時の情報提供義務に基づき主債務者が情報を提供した上で委託をし、その委託に基づき、事業のために負担する債務を保証する保証契約が締結された場合であっても、その保証契約を「更新」するときには、主債務者は、再度、情報を提供しなければならない。

　他方で、例えば、契約期間を令和3年（2021年）3月31日までとする基本契約に基づき主債務者が事業のために負うこととなる債務につき、主債務者の委託に基づき、保証契約が締結されている場合に、当該保証契約におい

Q26　75

て、当該基本契約の契約期間が延長されれば、保証契約は当然に「更新」される との条項があり、延長された基本契約に基づく債務についても保証人が保証することになっていたときには、当該基本契約の契約期間が延長された際に、主債務者は、再度、情報を提供する義務は負わない。この場合には、債権者と保証人との間で改めて保証に関する合意がされているものではなく、結局、「更新」との表現が使われているものの、当初の保証契約の締結時に、契約期間の延長された基本契約に基づく債務についても当然に保証の範囲とする旨の合意がされていたに過ぎないからである（注）。

　（注）　なお、例えば、契約期間を令和3年（2021年）3月31日までとする基本契約に基づき主債務者が事業のために負うこととなる債務につき、主債務者の委託に基づき、保証契約が締結されていたという事案で、当該保証契約において、当該基本契約の契約期間が延長された場合に、一定の期間内に保証人が特段の異議を述べなければ、当初の保証契約が「更新」され、延長された基本契約に基づく債務についても保証人が保証をすることになるとの条項も考えられるが、この場合には、異議を述べないという不作為があることをもって、更新の合意があるものと評価することができると考えられ、合意による更新の場合と同様に、主債務者は、情報提供義務を負うことになると考えられる。

第2　根保証

■1 個人根保証契約の定義・範囲

Q27

「一定の範囲に属する不特定の債務を主たる債務とする保証契約」（新法第465条の2第1項）とは、どのようなものか。

A

「一定の範囲に属する不特定の債務を主たる債務とする保証契約」（根保証契約）との概念は、平成16年の民法改正の際に導入されたものであるが、要するに、主債務（保証の対象）の範囲は定まっているが、主債務（保証の対象）が特定されていない保証契約を意味する。また、主債務の範囲を定める「一定の範囲」の定め方については、法律上特に制限はなく、例えば、主債務者が債権者に対して負担する一切の債務のような定め方をすることも許される。

このように、「一定の範囲に属する不特定の債務を主たる債務とする保証契約」であるかどうかは、主債務が特定しているかどうかによって定まることになるが、最終的に特定がされているのかとの判断は、主債務が現実に発生しているもののみであるのかや、主債務の範囲の定め方、主債務となり得る債務の発生要件や内容などを考慮して判断することになる。また、主債務の額が定まっていないことのみを理由に、当該保証契約が根保証契約と性質決定されるものではないが、新法が、根保証契約については、極度額を定めることなどを要求し、保証人を保護することとしている趣旨からすると、特定されているかどうかを判断する際には、極度額の定めなどがなくとも、保

Q27　77

証人の責任の範囲が定まっているといえるかどうかという観点（例えば、主債務の額が一定の範囲で当然に定まるものかどうか）も、最終的には考慮せざるを得ないと解される。

　例えば、現実に発生している債務のみを対象とする保証契約は、主債務が保証契約の当初から定まっているので、主債務が特定されており、根保証契約ではない。また、将来発生する債務が対象となっているものでも、例えば、月10万円の賃料の5年分全てを保証し、他に保証するものがない保証契約は、元本の額（合計600万円）も事前に明確であり、保証の対象となる賃料債務も定まっていて、主債務が特定されているから、その保証契約は根保証契約ではない。

　他方で、その範囲は定まっているが、主債務が実際に発生するのかが判然とせず、その額も判然としておらず、極度額の定めなどがないと保証人の責任の範囲が全く定まらない保証契約については、主債務が特定していないと判断されることになると解される。

　例えば、「（特定の取引において）主債務者が債権者に対して負担する一切の債務」を保証するとの保証契約は、主債務は対象範囲で生じた債務の全てであり、その意味では主債務は当初から定まっているようにも思われるが、このような保証契約については、主債務が実際に発生するのかが保証契約時点では判然としていないし、その総額も確定しておらず、極度額の定めなどがないと保証人の責任の範囲は定まらないので、主債務が特定していないと判断されることになると解される。

　なお、具体的な事案では、債務が特定されているのか、不特定であるのかの判断が微妙であることもあると考えられるし、保証契約の解釈によって思いがけずに当該保証契約が根保証契約であると評価されることもあると考えられるので、そのように判断が迷うケースにおいては、極度額の定めを置いておくことが実務上は適切であると解される。

Q28

賃貸借契約に基づいて賃借人が負う債務を保証する保証契約は、根保証契約（一定の範囲に属する不特定の債務を主債務とする保証契約（新法第465条の2第1項））に含まれるのか。

A

　賃料債務に加えて損害賠償債務など賃貸借契約において生ずる賃借人の債務一切を保証する保証契約は、主債務が特定されているとはいえないから、根保証契約（一定の範囲に属する不特定の債務を主債務とする保証契約）であるといわれている。

　他方で、賃料債務のみを保証する保証契約については、ケースによって判断が分かれ得る。例えば、賃料債務のみを保証する保証契約のうち、月10万円の賃料の5年分を保証するなど特定の期間の賃料の全てを保証するものは、元本の額も事前に明確であって、保証の対象となる賃料債務は特定されているから、その保証契約は根保証契約ではなく、通常の保証契約であると解される。一方、更新後の賃貸借契約によって発生する賃料債務についても保証することが予定されているなどその期間を特定せずに賃料債務の全てを保証するものは、どれほどの期間の賃料債務が保証の対象であるかも不明確であり、元本の額も事前に明確ではなく、保証の対象となる賃料債務は特定されていないから、その保証契約は根保証契約となると解される。

Q29

　保証委託契約に基づいて主債務者が保証人に対して負う求償債務を保証する保証契約は、根保証契約（一定の範囲に属する不特定の債務を主債務とする保証契約（新法第465条の2第1項））に含まれるのか。

A

　根保証契約（一定の範囲に属する不特定の債務を主債務とする保証契約）であるかどうかは、主債務が特定しているかどうかによって定まることになるが、例えば、保証人が法人である根保証契約において、債権者は元本の確定後でなければ保証人に履行を請求することができないことを前提に、その特定の保証債務を履行することによって生ずる求償債務を個人が保証したという場合には、主債務は特定されているので、この保証人が個人である保証契約は、根保証契約ではない。

　他方で、例えば、保証人が法人である根保証契約において、債権者は元本の確定前であっても主債務が発生するごとに保証人に履行を請求することができることを前提として、その請求に応じて履行するごとに生ずる個々の求償債務を個人が保証したという場合には、その範囲は特定しているものの、主債務となる個々の求償債務自体発生するかどうか定かではなく、また、求償債務の額も事前に明確ではなく、保証の対象となる求償債務は保証契約時には特定されていないから、この保証契約は、根保証契約である。

Q30

身元保証契約は、個人根保証契約に含まれるのか。また、身元保証契約に、新法において新設された個人根保証契約（新法第465条の2第1項）に関する規定が適用されると、どのような結果となるのか。

A

1 身元保証契約と根保証契約の関係

身元保証契約とは、法律上、その名称のいかんにかかわらず、労働者等の被用者の行為により使用者が受けた損害を賠償することを約束する契約をいうこととされている（身元保証ニ関スル法律第1条参照）。

身元保証契約の中には、①被用者が使用者に対して負う損害賠償債務を保証する保証契約の性質を有するものと、②被用者が使用者に対して損害賠償債務を負うかどうかにかかわらず、被用者が使用者に対して負わせた損害を賠償する損害担保契約の性質を有するものがあると解されている。

そして、そのいずれの性質を有する身元保証契約を締結するかは当事者双方において合意して決めることができる。

そのため、保証契約の性質を有する身元保証契約については、身元保証人が個人である（法人でない）ときは、その身元保証契約は、個人根保証契約（新法第465条の2第1項）であるから、新法において新設された個人根保証契約に関する各規定が適用される。他方で、身元保証契約が保証契約の性質を有しないものであるときは、身元保証人が個人であっても、その身元保証契約は、個人根保証契約でないから、個人根保証契約に関する規定は適用されないこととなる。

2 身元保証契約と新法の適用

身元保証契約に新法において新設された個人根保証契約に関する規定等が

Q30　81

適用されると、次のような結果となる。

① 身元保証契約は、極度額を定めなければ、その効力を生じない（新法第465条の2）。

② 身元保証契約における主債務の元本は、次に掲げる場合には、確定する（新法第465条の4）。

・債権者が保証人の財産について金銭の支払を目的とする債権についての強制執行又は担保権の実行を申し立てたとき（強制執行又は担保権の実行の手続の開始があったときに限る）。

・保証人が破産手続開始の決定を受けたとき。

・主債務者が死亡したとき又は保証人が死亡したとき。

　　ただし、旧法の下でも、判例は、身元保証契約は保証人が死亡したときは、相続されない（主債務の元本は確定する）としているので、保証人の死亡については、改正前後で変更はない。

③ 保証人が法人である身元保証契約において、極度額の定めがないときは、その身元保証契約の保証人の主債務者に対する求償権に係る債務を主債務者とする保証契約（その保証契約の保証人が法人である場合を除く）は、その効力を生じない（新法第465条の5）。

❷ 個人根保証契約の極度額（新法第465条の2関係）

Q31

　個人根保証契約において、極度額は常に確定的な金額を書面で定めなければならないのか。例えば、賃貸借契約における賃料等を保証する場合においては、「賃料の4箇月分」などと契約書で定めることは認められるのか。

A

　新法は、個人根保証契約においては書面で極度額を定めなければならないこととしている（新法第465条の2、第446条第2項）（注1）。

　これは、保証人にとって、自己の負担する責任の上限を予測可能なものとするためであるから、極度額は、個人根保証契約の締結の時点で確定的な金額を書面で定めなければならない（注2）。

　例えば、賃貸借契約における賃料等を主債務とする個人根保証契約において、「極度額は賃料の4箇月分」と関係書類に記載されているのみでは、書面上極度額について具体的な金額の記載があるといえない場合がある。この場合には、その個人根保証契約は無効となり得る。

　他方で、例えば、契約書に極度額は賃料の4箇月分と記載されているだけでなく、その契約書に賃料の月額が10万円と記載されるなどして、極度額は40万円であると具体的に確定することができるときは、その個人根保証契約は有効である（注3）。

（注1）　極度額の定めについては、電磁的記録によることもできる（新法第465条の2第3項、第446条第3項）。

（注2）　極度額を電磁的記録によって定める場合には、極度額は、電磁的記録の記録上で確定することができる必要がある。

（注3）　極度額は、保証契約の締結時点で定まる必要があるから、例えば、賃

料の月額が10万円、極度額はその4箇月分との契約条項で賃貸借契約と根保証契約とが締結された場合には、極度額は40万円と確定され、仮にその後に賃料が11万円に増額されても、極度額が当然に44万円となるものではない。仮に、賃料の増額があり得ることを前提に、賃料が増額すれば、極度額も増額する約定（極度額は、その時々の賃料の4箇月分とする約定）であれば、極度額は適切に定められていないので、当該個人根保証契約は無効となる。なお、賃貸借契約と保証契約書が一体の書面となっている場合において、極度額については単に「極度額は賃料の4箇月分」と記載されている場合には、「その時々の賃料の4箇月分」という意味ではなく、「当初の賃料の4箇月分」の意味であると理解し、個人根保証契約を有効なものと解するのが当事者の意思の合理的な解釈として相当である。

Q32

　極度額として定める金額に制限はあるのか。例えば、著しく金額の大きな極度額を定めた場合に、その極度額の定めが無効となることはあるのか。

A

　極度額としての具体的な金額の定め方については、当事者の合意に委ねられており、例えば、その上限を設けることはしていない。

　これは、保証契約が付される取引にも様々なものがあり、また、保証人の資力や、保証人と主債務者との関係にも様々なものがあることから、法律で適切な上限額を設定することは困難である上、仮に一定の金額を上限額として法定する場合には円滑な金融を阻害するおそれがあることも考慮したものである。

　もっとも、極度額を定めるよう求めた法律の趣旨に照らせば、主債務者の資金需要や保証人の資力等を勘案しないで著しく高額な極度額が定められたといったケースについては、公序良俗違反（新法第90条）を理由に、保証契約が無効とされる可能性もあるものと解される。

3 個人根保証契約の元本確定事由（新法第465条の4関係）

Q33

個人根保証契約における法定の元本確定事由には、どのような
ものがあるのか。また、法定の元本確定事由のほかに当事者間の
合意により元本確定事由を定めることは、可能か。

A

新法においては、法律上、次のようなものが元本確定事由とされている。

① 個人根保証契約における元本確定事由（新法第465条の4第1項）

　　a　債権者が、保証人の財産について、金銭の支払を目的とする債権につ
　　　いての強制執行又は担保権の実行を申し立てたとき。ただし、強制執行
　　　又は担保権の実行の手続の開始があったときに限る。

　　b　保証人が破産手続開始の決定を受けたとき。

　　c　主債務者又は保証人が死亡したとき。

② 個人貸金等根保証における元本確定事由（新法第465条の4第2項）

　　a　債権者が、主債務者の財産について、金銭の支払を目的とする債権に
　　　ついての強制執行又は担保権の実行を申し立てたとき。ただし、強制執
　　　行又は担保権の実行の手続の開始があったときに限る。

　　b　主債務者が破産手続開始の決定を受けたとき。

なお、個人貸金等根保証は、個人根保証契約の一種であるので、前記①の
元本確定事由が生じても、元本が確定する。

新法では、このように、元本確定事由を設けているが、これは、当事者間
の衡平等を考慮して保証人を保護するために設けたものである。法定の元本
確定事由のほかに元本確定事由を設けることは、債権者が保証人の責任を追
及することができる範囲を狭め、保証人にとって有利なものであるので、保

86　第2部　Question & Answer

証人を保護するとの新法の趣旨に反するものではない。

　したがって、法定の元本確定事由のほかに当事者間の合意により元本確定事由を定めることは、可能である。

Q34

個人根保証契約において法定の元本確定事由が生じても、元本が確定しないとの特約は有効か。

A

　新法においては、個人根保証契約について法定の元本確定事由を設けているが（新法第465条の４）、これは、当事者間の衡平等を考慮して保証人を保護するために設けられたものである。

　他方で、法定の元本確定事由が生じても元本が確定しないとの特約を認めることは、債権者が保証人の責任を追及することができる範囲を広め、保証人に不利であり、保証人を保護するとの法定の元本確定事由を設けた趣旨に反する。また、平成16年の民法改正の際にも、法定の元本確定事由が生じても元本が確定しないとの特約は無効であると解するのが一般的であった。

　したがって、法定の元本確定事由が生じても元本が確定しないとの特約は、基本的には無効であると解される。

Q35

　建物の賃貸借契約において生ずる賃料債務や損害賠償債務など賃借人の債務の一切を個人が保証する個人根保証契約が締結され、その後、賃借人がその賃借物件で自殺したときは、その死亡後に判明した損害も含め、その自殺によって生ずる損害について保証人は責任を負うことになるのか。

A

　賃借人が賃借物件の中で自殺したケースにおいて、賃貸人が、賃借人の債務の一切を保証する保証人に対し、賃借人の自殺によって生ずる損害につき保証債務の履行を求めることがある。

　そのような事案においては、賃借人の死亡時には具体的な損害の額が判明しておらず、賃借人の死亡後相当期間が経過してからその額が判明するものがある。

　他方で、新法においては、個人根保証契約は、主債務者の死亡により、その主債務の元本が確定することとしている（新法第465条の4第1項第3号）。

　そのため、新法の下では、個人根保証契約に該当する賃借人の債務の一切を主債務とする保証契約の元本は、賃借人がその賃借物件で自殺した場合には、死亡時に確定することとなる。

　もっとも、根保証契約における元本の確定とは、元本確定事由の発生した後に生じた債務について保証人は責任を負わないことを意味しており、その事由の発生時に既に生じていた債務については、保証人は責任を負うこととなる。

　そのため、元本確定事由の発生時に損害賠償債務自体が生じていたのであれば、元本の確定後にその具体的な額が判明したとしても、保証人は、責任を負うこととなる。

以上を前提とすると、賃借人の自殺が契約違反に当たり、賃借人に損害賠償債務が生じていたと認められる事案については、元本確定事由である賃借人の死亡時には損害賠償債務自体が既に発生しているといえるから、自殺物件として賃貸が困難となった損害を始めとしてその死亡後に判明した損害も含め、保証人は責任を負うことになるものと解される。

Q36

賃借人の債務を保証する個人根保証契約を締結する場合において、その保証人が、現在の賃借人だけでなく、その賃借人が死亡した後に賃借人の地位を相続した者の債務も保証する意思を有しているときは、その意思に従った内容の保証をすることができるのか。

A

賃借人が死亡しても、賃貸借契約は当然には終了しないため、賃借人の地位は賃借人の相続人が相続することとなる。他方で、新法によれば、賃借人の債務を保証する個人根保証契約については、賃借人の死亡によりその保証契約における主債務の元本は確定する（新法第465条の４）。そのため、賃借人が死亡し、賃借人の地位をその相続人が相続した場合には、保証人は、賃借人の相続人の下で発生した債務については責任を負わないこととなる。

これに対し、保証人が、賃借人の債務を保証する個人根保証契約を賃貸人と締結する際に、その賃借人の死亡後に賃借人の地位を相続した者の債務も保証する保証契約をあらかじめ締結することが考えられる。

しかし、主債務者である賃借人の死亡前にこのような保証契約を締結することができるとすると、主債務者の死亡を元本確定事由として、主債務者の死亡という著しい事情の変更後に生じた債務について保証人は一律に責任を負わないこととした新法第465条の４の規定の趣旨が損なわれることになる。

そのため、賃借人の死亡前にこのような保証契約を締結することは、基本的に許されず、無効であると解される。

もっとも、賃貸借契約における賃借物を原状に回復して返還する債務は、厳密には賃借人の死亡後にその相続人らが負うものではあるが、例外的に、その責任を保証人があらかじめ保証することは許容されると考えられる。

すなわち、賃貸借契約における原状回復の債務は、賃貸借契約の時点で生ずることが定まっていたものであり、保証契約を締結した時点において、保証人も、賃借人の死亡の有無にかかわらず、これを保証することを想定していたものであるから、保証人の責任の範囲を主債務者が死亡する前に既に生じていた債務に限定した新法第465条の４の規定の趣旨にも基本的に反しないと考えられるからである。

　ただし、賃借人の死亡後に、その相続人が賃借人の地位を承継し、現に、その賃貸不動産に居住し、その後に賃貸借が終了することもある。その場合には、保証人が当初想定していたのは飽くまでも賃借人の使用後の原状回復であって、その相続人の使用後の原状回復ではないのであるから、その相続人の使用後の原状回復についてあらかじめ保証していたものと解することは、新法第465条の４の規定の趣旨に反し、許されないといわざるを得ないものと解される。

4 保証人が法人である根保証契約の求償権に係る債務の個人保証（新法第465条の5関係）

Q37

根保証契約の保証人である法人が主債務者に対して取得する求償権について個人が保証する保証契約は、それが根保証契約である場合にも、保証人が法人である根保証契約に極度額の定めがないときは、無効となるのか。

A

保証人が法人である根保証契約において当該法人が主債務者に対して取得する求償権に係る債務（求償債務）について個人が保証する保証契約には、①当該求償債務をそのまま主債務とする通常の保証契約と、②主債務の範囲に当該求償債務を含む個人根保証契約の二つがある。

新法においては、このうち、①の通常の保証契約については、個人保証人が予想を超える過大な責任を負うことを防止するため、保証人が法人である根保証契約において極度額の定めがないときは、保証契約の効力を生じないこととしている（新法第465条の5第1項・第3項）。

他方で、②の個人根保証契約については、いずれにしても、新法第465条の2によりその個人根保証契約自体について極度額を定める必要があるから、保証人が法人である根保証契約に極度額の定めがなくとも、求償債務を保証する個人が予想を超える過大な責任を負うおそれはないといえる。

そこで、新法においては、②の個人根保証契約は、その保証人が法人である根保証契約に極度額の定めがないとしても、無効にはならないこととしている（新法第465条の5第1項参照）（注）。

（注）　新法第465条の5第1項は、飽くまでも根保証ではない通常の保証につい

て定めており、根保証について定めていない（ちなみに、同条第2項後段においては「主たる債務の範囲にその求償権に係る債務が含まれる根保証契約も、同様とする。」と規定し、根保証について別途規定を置いているところである）。

Q38

　保証人が法人である根保証契約に極度額の定めがあれば、当該法人が主債務者に対して取得する求償権に係る債務（求償債務）について個人が保証する根保証契約に極度額がなくても、当該個人を保証人とする根保証契約は、有効となるのか。

A

　保証人が法人である根保証契約において当該法人が主債務者に対して取得する求償権に係る債務（求償債務）について個人が保証する保証契約には、①当該求償債務をそのまま主債務とする通常の保証契約と、②主債務の範囲に当該求償債務を含む個人根保証契約の二つがある。

　②の個人根保証契約の場合には、当該法人が主債務者に対して取得する求償権に係る債務について個人が保証する保証契約が個人根保証契約であるので、この保証契約自体に極度額を定めなければならず（新法第465条の２）、それは、保証人が法人である根保証契約に極度額の定めがあるかどうかによって左右されるものではない。

　したがって、保証人が法人である根保証契約がある場合において、当該法人が主債務者に対して取得する求償権に係る債務について個人が保証する保証契約が個人根保証契約であるときには、当該法人を保証人とする根保証契約に極度額の定めがあっても、当該個人を保証人とする保証契約に極度額の定めがないと、当該個人を保証人とする保証契約は無効となる。

5 その他

Q39

　民法上の「保証」ではないが、契約書などで「保証」と呼ばれているものについても、個人根保証契約に関する新法第465条の2等の規定が適用されるのか。

A

　民法では、「保証」は、一定の債務が履行されない場合にその債務を主債務者に代わって履行する義務を負うことをいうが、実際の社会では、このような意味とは違う意味で「保証」との用語が用いられていることがある。

　例えば、他人に生じた損失の賠償を引き受けること（損害担保契約）や、一定の事由が生じた場合に一定の行為をすることを引き受けること（例えば、老人ホームなどへの入居に際して、何らかの理由で退去することとなった場合の入居者の身柄を引き取ること）は、法的には、民法の「保証」ではないが、契約書などでは、「保証」と呼ばれていることがある。

　このようなものは、確かに、契約書などでは「保証」と呼ばれているものの、民法上の「保証」ではないので、個人根保証契約に関する新法第465条の2等の規定は、適用されない。

Q40

　個人根保証契約と他の契約を一括して契約した場合に、個人根保証契約に関する新法第465条の2等の規定は、どのように適用されるのか。

A

　実務では、個人根保証契約と他の契約が一括して契約がされることがある。例えば、老人ホームなどに入居する際に、入居者が負う利用料の支払等の債務の一切を保証するとともに、入居者が亡くなった際に、又は何らかの理由で退去する際にその身柄を引き取ることなど法的には民法の「保証」ではないものを一括して契約することがある（例えば、身元引受人や、身元保証人などと呼ばれているようである）。

　このような契約と個人根保証契約に関する新法の規定の関係が問題となるが、個人根保証契約に関する新法の規定は、飽くまでも個人根保証契約と性質決定のされる部分についてのみ適用されるものであるので、このような複合的な契約であっても、その全体ではなく、個人根保証契約の性質を有する部分についてのみ適用されると解される。

　したがって、このような契約について極度額の定めがないとしても、無効となるのは、個人根保証契約に相当する部分についてのみであり、直ちに残部も無効となるものではないと解される。

第3	事業のために負担した貸金等債務を保証する保証契約等の特則

1 事業に係る債務についての保証契約の特則の対象等

Q41

「事業のために負担した（する）貸金等債務」（新法第465条の6第1項等）の「事業のために」とは、どういう意味か。また、どういったものが含まれるのか。例えば、いわゆるアパートローンは含まれるのか。

A

　「事業」とは、一定の目的をもってされる同種の行為の反復継続的遂行をいい、「事業のために負担した（する）貸金等債務」とは、借主が自らの事業に用いるために負担した貸金等債務（注）を意味する。

　例えば、製造業を営む株式会社が製造用の工場を建設したり、原材料を購入したりするための資金を借り入れることにより負担した債務などが「事業のために負担した貸金等債務」の典型例である。また、賃貸を目的とする不動産を購入する（又は建築する）ために負担した借入債務（いわゆるアパートローン）は「事業のために負担した（する）貸金等債務」に該当すると解される。

　他方で、貸与制の奨学金や居住用不動産を購入する（又は建築する）ために負担した借入債務は「事業のために負担した（する）貸金等債務」とはいえないと解される。

　なお、一個の貸金等債務に複数の目的があり、事業目的だけでなく、他の目的も認められるという場合であっても、その貸金等債務は、事業目的とい

98　第2部　Question & Answer

う一面を有する以上、事業性に着目して規制を及ぼすこととした趣旨が妥当することから、全体として「事業のために負担した（する）貸金等債務」というほかない。例えば、事業用不動産と自己の居住用不動産を購入するために一個の消費貸借契約を締結した場合や、事業と居住の双方に用いるために一個の不動産を購入するために消費貸借契約を締結した場合には、当該消費貸借契約に基づく債務全体が事業のために負担した貸金等債務と評価されるのであり、当該債務の一部のみが事業のために負担したものであるなどとはいえない。

　このことは、例えば、事業用不動産と自己の居住用不動産を購入するために一個の消費貸借契約を締結した場合において、事業用不動産の価格が居住用不動産の価格に比べて低いケースや、事業と居住の双方に用いるために一個の不動産を購入するために消費貸借契約を締結した場合において、事業に用いる割合が居住に用いる割合と比較して小さいケースにおいても変わりがなく、一部でも事業目的があると認定がされれば、その貸金等債務は全体として事業のために負担したものというほかない。

　　（注）「貸金等債務」とは、「金銭の貸渡し又は手形の割引を受けることによって負担する債務」をいう（新法第465条の3第1項参照）。なお、詳細については**Q43**参照。

Q41　99

Q42

主債務者が自己の事業のために利用する意図で借入れをして、貸金等債務を負担した場合には、債権者がその意図を全く認識していなくても、当該貸金等債務は「事業のために負担した貸金等債務」（新法第465条の6第1項等）となるのか。

A

「事業のために負担した貸金等債務」に該当するか否かは、借主が貸金等債務を負担した時点を基準時として、貸主と借主との間でその貸付け等の基礎とされた事情に基づいて客観的に定まるものである。

仮に、「事業のために負担した貸金等債務」に該当するか否かが主債務者の主観的意図のみで一方的に定まることになれば、保証契約の締結後に主債務者がその該当性を一方的に定めることができることとなりかねず、取引の安全が著しく害されることとなり妥当ではなく、主債務者の主観的意図のみで一方的に定まるとの見解をとることは困難である。

したがって、例えば、借主が事業資金であると説明して金銭の借入れを申し入れ、貸主もそのことを前提として金銭を貸し付けた場合には、消費貸借契約の締結後に、その金銭が事業に用いられたかどうかにかかわらず、その債務は事業のために負担した貸金等債務に該当する。

他方で、借主が事業以外の目的をその使途であると説明して金銭の借入れを申し入れ、又はその使途を明らかにしないで金銭の借入れを申し入れており、貸主においても事業資金ではないとの認識で貸し付けた場合には、借主がその債務を負担した時点においては、借主は事業のためにその債務を負担したものとはいえないから、借主が実際には事業に用いることを意図しており、現にその金銭が事業に使われたとしても、その債務は事業のために負担した貸金等債務とはいえないものと解される。

ただし、当該貸付けが使途を決めずにされたものである（事業のために使用することが許容されている）と認められた場合における当該貸金等債務の取扱いについては、別途問題となる（**Q46**参照）。

Q43

準消費貸借契約に基づく貸金返還債務は、事業のために負担した「貸金等債務」に含まれ得るのか。

A

新法は、事業のために負担した「貸金等債務」、すなわち、事業のために負担した「金銭の貸渡し又は手形の割引を受けることによって負担する債務」（新法第465条の3第1項参照）を保証する保証契約は、保証意思宣明公正証書が作成されていなければ、原則として効力を生じないこととしている（新法第465条の6）。

その趣旨は、保証契約においては、履行すべき保証債務の額が多額になり、保証人の生活が破綻する例も相当数存在するといわれていること等を考慮したものであるが、ここで想定していたのは、主として金融機関等による事業のための融資に関する保証である。他方で、準消費貸借は、既存の債務を前提に成立するものであるが、その債務の発生原因は様々であり、融資に関するものに限られず、不法行為による損害賠償債務なども含まれ得る。

また、「貸金等債務」、すなわち「金銭の貸渡し又は手形の割引を受けることによって負担する債務」との概念は、平成16年の民法改正時に根保証に関する規定を新設した際に用いられた概念である（旧法第465条の2参照）が、この「貸金等債務」には、準消費貸借に基づく貸金返還債務は含まれないと解釈するのが一般的であり、新法は、この解釈を前提に立案された。

したがって、準消費貸借契約に基づく返還債務は、「貸金等債務」に含まれず、これを保証する保証契約は、保証意思宣明公正証書が作成されていないとしても、その効力が当然に否定されるものではない。

もっとも、事業のために負担した貸金等債務を目的として準消費貸借が成立した場合には、別途の検討が必要となる。準消費貸借については、既存の

102　第2部　Question & Answer

債務と準消費貸借に基づく債務との間に同一性があるのかが議論されている
が、一般的には、両債務は実質的に同一であると解されている（最判昭和50
年7月17日民集29巻6号1119頁）。このとおり、準消費貸借に基づく貸金返還
債務と既存の債務との間に同一性が認められる以上は、事業のために負担し
た貸金等債務（甲債務）を目的として成立した準消費貸借に基づく貸金返還
債務（乙債務）は、保証意思宣明公正証書が作成されていない限りは保証が
無効となるという甲債務が有していた法的性質も受け継ぐというべきであ
る。したがって、事業のために負担した貸金等債務を目的として成立した準
消費貸借に基づく貸金返還債務は、事業のために負担した貸金等債務と同じ
扱いを受けるのであり、この準消費貸借に基づく貸金返還債務を保証する保
証契約を新たに締結する際には、保証意思宣明公正証書が作成されていなけ
ればならない（注）。

　なお、保証意思宣明公正証書が作成され、事業のために負担した貸金等債
務を保証する保証契約が有効に成立した後に、当該貸金等債務を目的として
準消費貸借契約が締結されたケースについては、更に別途の検討が必要とな
る。最終的には事案ごとの判断であるものの、一般的に、ある特定の債務を
保証する保証契約は、当該債務を旧債務として成立した準消費貸借契約に基
づく貸金返還債務も原則として保証する趣旨であると解されている。そのた
め、前記の場合においても、新たに保証契約を締結することなく、また保証
契約を締結する際に必要となる保証意思宣明公正証書を作成することがなく
ても、有効に成立した保証契約の保証は原則として当該貸金等債務を目的と
する準消費貸借契約に基づく貸金返還債務も保証することになる。ただし、
準消費貸借を締結した際に債務の内容を変更した場合については、基本的に
は、保証意思宣明公正証書を作成後に主債務の内容等を変更した場合と同様
の処理になると解される（Q81参照）。

　　（注）　新法は、一定の求償権に係る債務を保証する保証契約に関しても、事前
　　　　に保証意思宣明公正証書が作成されていなければ原則としてその効力を生
　　　　じないとする（新法第465条の8）が、この求償権に係る債務を目的として

Q43　103

成立した準消費貸借に基づく貸金債務についても、同様の処理となると解される。

Q44

和解契約に基づく和解金支払債務を保証する保証契約を締結するには、保証意思宣明公正証書は必要か。

A

　新法は、事業のために負担した貸金等債務（金銭の貸渡し又は手形の割引を受けることによって負担する債務）や一定の求償権に係る債務を保証する保証契約に関して、事前に保証意思宣明公正証書が作成されていなければ原則としてその効力を生じないとの規律を導入しているが（新法第465条の6及び第465条の8）、そのほかの債務については、同様の規律を設けていない。

　したがって、和解契約に基づく和解金支払債務が事業のために負担される場合であっても、当該債務を保証する保証契約の締結に際して保証意思宣明公正証書の作成は不要である。

　もっとも、和解契約の内容が、事業のために負担した貸金等債務があることを前提に、その貸金等債務の内容面における争い（例えば、一部弁済の存否・有効性など）を解決するためにその内容を確認するものに過ぎないなど、和解契約に基づく和解金支払債務が事業のために負担した貸金等債務と実質的に同一である場合には、当該和解金支払債務は、保証意思宣明公正証書が作成されていない限りは保証が無効となるという法的性質を引き継ぐから、この和解金返還債務を保証する保証契約を新たに締結する際には、保証意思宣明公正証書を作成しなければならない（なお、このことは、新法第465条の8の適用においても同様である）。

　なお、保証意思宣明公正証書が作成され、事業のために負担した貸金等債務を保証する保証契約が有効に成立した後に、当該貸金等債務につき和解契約がされた場合については、別途の検討が必要となる。最終的には事案ごとの判断であるが、当該和解契約の趣旨に照らし、和解金支払債務と保証債務

との間に実質的に同一性が認められるケースにおいては、新たに保証契約を締結しなくても、既存の貸金等債務の保証契約が、和解金支払債務も保証するものと認定されることもあり得る。このようなケースにおいては、新たな保証意思宣明公正証書の作成は不要である。ただし、このケースでも、和解契約を締結した際に、主債務の内容を変更した場合には、基本的には、保証意思宣明公正証書を作成後に主債務の内容等を変更した場合と同様の処理が必要になると解される（**Q81**参照）。

Q45

裁判上の和解において、事業のために負担した貸金等債務を個人が保証する保証契約等を締結する際にも、保証意思宣明公正証書の作成を要するのか。民事調停においては、どうか。

A

1 裁判上の和解

裁判所の手続では、裁判官が関与して和解を成立させることができる（民事訴訟法第89条）が、その和解において、個人である第三者を利害関係人として参加させた上で、その者を保証人として、事業のために負担した貸金等債務を保証する保証契約等が締結されることも想定される。

裁判上の和解において保証契約を締結する際には、保証人になろうとする者が保証契約を締結する意思を有することを裁判官が直接確認していると考えられるが、保証意思宣明公正証書は、保証人本人の意思確認手続が厳格に法定されているから、裁判官による保証意思の確認をもって、保証意思宣明公正証書の作成に代えることは困難である。

そのため、新法は、裁判上の和解をする際に保証意思宣明公正証書の作成を不要とする特則を置かなかったのであり、保証契約の締結が裁判上の和解の中で行われたことを理由に、保証意思宣明公正証書の作成が不要になるものではない。

なお、民事訴訟法第265条の裁判所等が定める和解条項も同様である。

2 民事調停

また、裁判上の和解と同様、当事者間の合意を前提として成立するものとして、民事調停がある。民事調停において保証契約を締結させる際にも、保証人が保証意思を有することを裁判官又は裁判所が選任する調停委員が直接確認しているが、裁判上の和解と同様の理由から、民事調停において個人を

保証人とする事業のために負担した貸金等債務を保証する保証契約等を成立させる際にも、保証意思宣明公正証書を作成すべきであると考えられる。

　なお、民事調停には、調停に代わる決定（民事調停法第17条）がある。そこで、事業のために負担した貸金等債務につき民事調停がされている場合において、個人である第三者が民事調停に参加（同法第11条）したときに、裁判所が、事前に保証意思宣明公正証書の作成がされていないにもかかわらず、調停に代わる決定において、個人である第三者を事業のために負担した貸金等債務を保証する保証人とすることができるのかが問題となる。学説上は、この決定の性質が、調停であるのか、裁判であるのかにつき議論があるところであるが、いずれの立場であったとしても、調停に代わる決定は当事者が合意をすることで実現が可能な事項についてすることが許されるものであり、保証意思宣明公正証書が作成されておらず、当事者間の合意によって保証契約を締結することができない状況であるにもかかわらず、裁判所が、調停に代わる決定により、当事者間の合意によって保証契約を締結した場合と同様の法律関係を形成することを正当化することは困難であると思われる。また、そのような状況で実際に調停に代わる決定がされたとしても、そのような決定の効力については疑義があるといわざるを得ないと思われる。

Q46

　使途が自由とされており、事業に使うことも許容されている貸付金に係る貸金等債務を保証する保証契約を有効に成立させるためには、保証意思宣明公正証書を作成する必要はあるのか。また、特に使途を定めていない貸金等債務について保証契約を有効に成立させるためには、保証意思宣明公正証書を作成する必要はあるのか。

A

　いわゆるフリーローンと呼ばれているものなど、資金使途は「自由」であるとして貸付がされた貸金等債務については、当該貸付金を事業資金として使用することが排除されていないので、「事業のために負担した貸金等債務」（新法第465条の6第1項等）に当たり、この債務を保証する保証契約については、保証意思宣明公正証書の作成が必要になると考えられる。

　また、そもそも使途を定めずに貸付がされた貸金等債務の保証についても、同様の問題があるが、当該貸付金を事業資金として使用することが排除されていない以上、保証意思宣明公正証書の作成が必要になると考えられるが、使途が定められていないのかは、最終的には、事案ごとの判断になる。例えば、消費貸借の契約書には、資金使途の記載がないケースでも、それまでの経緯等から資金の使途が具体的に決まっており、その使途からして、当該貸金等債務が「事業のために負担した貸金等債務」に該当しない場合には、保証意思宣明公正証書の作成は不要となる。

　なお、以上に対し、「事業用途を除き資金使途自由」、あるいは「事業用途に用いることはできない」と使途を限定した場合には、貸付金を事業資金に使用する可能性が排除されているので、当該貸金等債務が「事業のために負担した貸金等債務」に該当せず、原則として、保証意思宣明公正証書の作成

Q46　109

は不要となる。また、「事業性の有無」は借主が貸金等債務を負担した時に判断されるため、「事業用途を除き資金使途自由」、あるいは「事業用途に用いることはできない」として借主が貸金等債務を負担した後、主債務者が事業資金に借入金を使用した場合であっても、事業性が肯定されることはない。もっとも、当初から事業資金として使用することが目的であったにもかかわらず、公正証書を作成する時間がないからといった理由等でそれを秘匿し、「事業用途を除いた資金使途」として融資を受けた場合のように、主債務者と債権者とが通謀して潜脱していることが明らかなケースについては、契約書上では「事業用途を除き資金使途自由」とされていても、当該貸金等債務が「事業のために負担した貸金等債務」に該当するので、保証意思宣明公正証書の作成なくされた保証は、無効となるものと考えられる。

Q47

　主債務者が他人の事業のために負担した貸金等債務を保証する保証契約を有効に成立させるためには、保証意思宣明公正証書を作成する必要はあるのか。例えば、会社の代表取締役が当該会社の事業に用いられることを前提に自己の名で金融機関から金銭を借り受けて、当該会社に当該金銭を会社に貸し付けた場合には、会社の代表取締役が負った貸金返還債務は「事業のために負担した貸金等債務」（新法第465条の6第1項等）に該当するのか。

A

　「事業のために負担した貸金等債務」とは、借主が自らの事業に用いるために負担した貸金等債務を意味する。

　そのため、他人の事業に投資するために負担した貸金等債務や、他の会社に融資をするために負担した貸金等債務は、投資や融資が事業として行われるものでない限り、「事業のために負担した貸金等債務」に含まれず、保証意思宣明公正証書を作成する必要はない。

　したがって、会社の代表者が会社に融資をするために負担した貸金等債務についても、基本的には、保証意思宣明公正証書を作成することは不要である。

　もっとも、保証意思宣明公正証書の作成義務を免れるため、単に、書面の形式上は会社の代表者を借主とし、その代表者を主債務者として第三者が保証契約を締結したような事例においては、いわゆる脱法行為であり、実際には、事業をしている会社が借主であるとしてその保証契約は無効になることがあり得ると考えられる。

Q47　111

Q48

保証意思宣明公正証書に関する規定は、保証契約ではなく、併存的債務引受契約など連帯債務を負担する契約にも適用されるのか。

A

　連帯債務は、保証とは異なり、複数の債務者が債権者に対しそれぞれ独立した債務を負うものであるし、債務者において自らに履行の請求がされないと考える類型の債務ではないから、連帯債務者がそのリスクを自覚しないまま、安易に連帯債務を負担する契約を締結することは少ないと考えられる。

　そのため、新法においては、主債務者と連帯して債務を負担する契約に関しては、保証意思宣明公正証書のような公正証書の作成を要することとはしていないのであり、連帯債務について新法第465条の6等の保証意思宣明公正証書に係る規定が類推適用されることについても、想定していない。

　もっとも契約書上は「連帯債務」あるいは「連帯債務者」などの用語が用いられていても、債権者の説明の態様等に照らして、「連帯債務者」とされている者の実質的な意思が、他人の債務を保証するために契約を締結するものであったと認定すべきことがある。この場合には、その契約は、連帯債務を負担する契約ではなく、他人の債務を保証する保証契約と認定され、保証意思宣明公正証書に関する規定が適用される。

112　第2部　Question & Answer

Q49

事業のために負担した貸金等債務について、第三者が弁済をした後に、債務者が第三者に対して負担する求償債務を保証する保証契約が締結された場合には、その保証契約は、保証意思宣明公正証書が作成されなくとも、効力を生ずるのか。

A

　第三者が、他人の債務を弁済することは、民法上も認められている（新法第474条参照）が、第三者が他人の債務を弁済し、これが有効であれば、債務者であった者は第三者に求償債務を負うことになる。この求償債務の法的性質は、第三者が債務者に委託されて弁済した場合は委任契約に基づく費用等償還請求権（民法第650条第1項）であり、委託されずに弁済した場合は事務管理に基づく費用等償還請求権（民法第702条第1項・第3項）である。そのため、この求償債務は、「貸金等債務」に該当しないから、このような求償債務を主債務とする保証契約が締結された場合には、その保証契約は、保証意思宣明公正証書が作成されなくとも、効力を生ずる。

　ただし、事業のために負担した貸金等債務について、保証人が弁済した後に、債務者が保証人に対して負担する求償債務を保証する保証契約については、別途定め（新法第465条の8）があり、保証意思宣明公正証書が作成されなければ、求償債務を保証する保証契約は無効となるので、注意を要する。

Q50

　Ａが自己の事業のために負担した貸金等債務について、Ｂが免責的債務引受をした後に、このＢの債務を主債務とする保証契約が締結された場合には、その保証契約は、保証意思宣明公正証書が作成されなくとも、効力を生ずるのか。

A

　Ａが自己の事業のために負担した貸金等債務についてＢが免責的債務引受をした場合には、事業も併せて承継していたというケースを除けば、その債務は、Ｂが自己の事業のために負担した貸金等債務とはいい難い（**Q47**参照）。

　そのため、その後に、このＢの債務を主債務とする保証契約を締結する場合には、保証意思宣明公正証書が作成されなくとも、効力を生ずると解される。

Q51

　Ａを保証人とする事業のために負担した貸金等債務を主債務とする保証契約がある場合に、Ａが死亡したときには、相続人であるＢについて保証意思宣明公正証書を作成しなくとも、Ｂは当該保証を相続することになるのか。

A

　保証意思宣明公正証書は、保証契約を締結する前提として作成するものであり、一度締結された保証契約に基づいて発生した保証債務が相続等によって承継される際には作成を要しない。

　したがって、保証人Ａが死亡し、その相続人Ｂが保証債務を承継したというケースにおいても、その相続人Ｂについて保証意思宣明公正証書を作成し直す必要はない。

2 保証意思宣明公正証書の作成手続等

Q52

保証意思宣明公正証書の作成の時期的制限である「締結の日前1箇月以内」（新法第465条の6第1項）とは、どのように計算をするのか。

A

新法においては、個人を保証人として、事業のために負担した貸金等債務を保証する保証契約を締結するためには、その締結の日前1箇月以内に保証意思宣明公正証書を作成しなければならない（新法第465条の6）。

ここでいう1箇月以内とは、ある時点から過去に遡って期間を計算するものであり、その計算方法を明示的に定めた規定はないため、期間の計算に関する民法の規定を参照しながら合理的に算定することになる（注1）。

例えば、4月2日に保証契約を締結する際には、その前日である4月1日を起算日とし（民法第140条本文参照）、これに応当する日の翌日である3月2日の午前零時に1箇月の期間が開始すると考えられるから（民法第143条第2項本文参照）、3月2日以降に保証意思宣明公正証書を作成していれば1箇月以内という要件を満たすこととなる（注2）。

また、例えば、4月1日に保証契約を締結する際には、起算日である3月31日は月の終わりであるため、その月の初日である3月1日の午前零時から1箇月の期間は開始すると考えられるから（民法第143条第1項参照）、3月1日以降に保証意思宣明公正証書を作成していれば1箇月以内という要件を満たすこととなる（注3）（注4）。

（注1）　期間の計算に関する民法の規定は、ある時点から過去に遡って期間を計算する際にも類推適用されると解されているが、実際には、過去に遡っ

116　第2部　Question & Answer

て期間を定める個別の規定の趣旨に応じて考えざるを得ない面がある。このため、新法の立案の過程では、過去に遡って期間を計算する場合の規定を新設することも検討されたが、定式化が困難であるとして見送られたという経緯がある。

　新法第465条の6については、民法第140条を類推適用することに特段の支障は認められないため、新法第465条の6を適用するに際して1箇月遡って期間を計算する際には、その締結の日は算入しないこととなる（初日不算入の原則。民法第140条本文参照）。

（注2）　新法第465条の6を適用するに際し、月の終わりから1箇月を計算しないときは、その期間を遡る計算は、その起算日に応当する日の翌日から開始すると解される（民法第143条第2項参照）。

　なお、起算日に応当する日がないケースについてどのように考えるべきかが問題となるが、この場合には、その期間を遡る計算は、起算日が属する月の初日から開始すると解される。具体的には、3月31日に保証契約を締結する際には、起算日となる3月30日に応答する日が2月にないので、3月の初日である3月1日午前零時から1箇月の期間は開始すると考えられる。したがって、3月1日以降に保証意思宣明公正証書を作成していれば1箇月以内に保証意思宣明公正証書を作成したという要件を満たすこととなる。

（注3）　新法第465条の6を適用するに際し、月の終わりから1箇月を計算するときは、その期間は、その月の初めから開始すると解される。

（注4）　ある時点から過去に遡って期間を計算する際に、その期間の末日が休日であるケースについてどのように考えるのかについては、解釈上争いがある。保証意思確認の手続からあまりに時間を経た後に保証契約が締結されると、確認された保証意思が、その保証契約締結の段階で失われているおそれがあることに照らせば、少なくとも、新法第465条の6を適用するに際し、期間の末日（時系列では初日）が休日であったことを理由に、期間を延ばすのは相当でなく、そのようなことは予定されていないと解される。そのため、4月2日に保証契約を締結する際に、3月2日が休日であっても、保証意思宣明公正証書は3月2日以降に作成されている必要がある。

Q52　117

Q53

　停止条件付保証契約を締結する際には、どの時点から「締結の日前1箇月以内」を計算するのか。また、保証予約契約を締結する際には、どのように考えることになるのか。

A

　例えば、「主債務者が特約条項に抵触しない限り保証債務の効力が生じない」とする停止条件付保証契約が締結される場合があるが、新法においては、当該保証契約「締結の日前1箇月以内」に保証意思宣明公正証書を作成しなければならないのであり、この場合にも、当該保証契約の締結日前1箇月以内に保証意思宣明公正証書を作成しなければならず、当該停止条件が成就した日前1箇月以内に作成していればよいというものではない。

　これに対し、予約完結権の行使によって保証契約が成立することを内容とする保証予約契約が締結される場合があるが、この場合における保証契約の締結日は、飽くまでも予約完結権が行使された日であり、保証予約契約が締結された日ではない。したがって、予約完結権が行使された日前1箇月以内に保証意思宣明公正証書が作成されていなければ、保証予約契約の締結日前1箇月以内に保証意思宣明公正証書を作成していても、予約完結権の行使によって成立した保証契約は、無効となる（注1）（注2）。

(注1)　この場合には、飽くまでも、予約完結権が行使される段階において、保証意思があるのかを確認することになるので、予約契約締結後保証意思宣明公正証書作成までの間に保証意思が失われた場合には、保証意思宣明公正証書を作成することができないので、保証契約が有効になることはない。

(注2)　旧法の下では、予約完結権の行使によって保証契約が成立することを内容とする保証予約契約が締結される場合において、当該保証が根保証であるときには、予約完結権行使の際には保証人の同意をとることはなく、改めて保証契約締結の合意をしないことを考慮して、根保証におけ

118　第2部　Question & Answer

る元本確定期日の規定（新法第465条の3等）は、保証予約契約の締結日を基準として適用されると解されていた。もっとも、本文及び（注1）のとおりの解釈をとる場合には、事業のために負担した貸金等債務を負担する保証契約等に関しては、保証予約契約が締結されていたとしても、予約完結権行使の1箇月前に保証意思宣明公正証書の作成を通じて保証人の保証意思を確認しなければならず、実際上は改めて保証契約を締結することも少なくないと思われる。そうすると、保証予約契約締結日を基準とするのではなく、改めて保証契約を締結した場合には保証契約の締結の日を、予約完結権の行使による場合には完結権行使日を基準として元本確定期日の規定が適用されると解すべきものと考えられる。

Q54

保証意思宣明公正証書の作成において代理人が嘱託・口授をすることは、許されるのか。例えば、保証人になろうとする者が成年被後見人である場合に、法定代理人である成年後見人が嘱託・口授をすることは、許されるのか。

A

　保証意思宣明公正証書は、保証人になろうとする者本人が自ら公証人に直接口頭で必要な事項について述べること等が法律上要求されるため（新法第465条の6第2項）、保証人になろうとする者本人が直接公証人に対して作成の嘱託をしなければならず、代理人が作成を嘱託することはできないのであり、口授をするのも保証人になろうとする者本人である。

　このことは、成年後見人が成年被後見人を保証人とする保証契約を代理して締結する場合でも変わりがなく、この場合における保証人になろうとする者は成年被後見人であり、口授をするのは成年被後見人である。

　したがって、公証人は、口授をした成年被後見人が保証意思を有しているのかを確認することになるが、成年被後見人は、事理を弁識する能力を欠く常況にあり、通常は保証意思を有しているとは認められないため、公証人は、保証意思宣明公正証書の作成を拒絶することになると考えられる。

Q55

事業のために負担した貸金等債務を主債務とする通常の保証契約（根保証契約以外のもの）について保証意思宣明公正証書が作成される際の口授事項は、どのようなものか。

A

　事業のために負担した貸金等債務を主債務とする通常の保証契約（根保証契約以外のもの）を締結するケースについて保証人になろうとする者が口授すべき事項は、次のとおりである（新法第465条の6第2項第1号イ）。

① 　主債務の債権者及び債務者

② 　主債務の元本と従たる債務（利息、違約金、損害賠償等）についての定めの有無及びその内容

③ 　主債務者がその債務を履行しないときには、その債務の全額について履行する意思を有していること。ただし、連帯保証の場合には、債権者が主債務者に対して催告をしたかどうか、主債務者がその債務を履行することができるかどうか、又は他に保証人があるかどうかにかかわらず、その全額について履行する意思を有していること。

Q56

　事業のために負担した貸金等債務を主債務とする通常の保証契約（根保証契約以外のもの）に関して保証意思宣明公正証書が作成される際、保証人になろうとする者は、主債務の元本について具体的な金額まで口授しなければならないのか。

A

　根保証契約以外の保証契約に関して保証意思宣明公正証書が作成される際、保証人になろうとする者は、主債務の元本について、それがどのような内容であるかを口授しなければならない（新法第465条の6第2項第1号イ）。そのため、主債務の元本の内容として、債権者及び主債務者、具体的な金額等を示して、例えば、「甲が乙に対して負う金1000万円の貸金債務について保証する」といったことを口授しなければならない。

　この口授は、保証人になろうとする者に対して、保証契約の内容やそのリスクを明確に認識させるために行うものであることから、主債務の具体的な金額を口授することは、保証意思宣明公正証書の作成に必須の要素となる。

　もっとも、保証意思宣明公正証書を作成する段階で、主債務の金額がいまだ具体的に確定していない場合には、主債務の元本を口授させる趣旨が保証人に保証のリスクの上限を認識させることにあることに照らせば、その上限を定めた上で、例えば、「甲が乙に金1000万円以内で貸し付ける金員の貸金債務について保証する」などと口授することも許容されると解される。

122　第2部　Question & Answer

Q57

事業のために負担した貸金等債務を主債務とする通常の保証契約（根保証契約以外のもの）について保証意思宣明公正証書が作成される際、主債務に関する利息や違約金については、利率の数値まで口授しなければならないのか。

A

　根保証契約以外の保証契約に関して保証意思宣明公正証書が作成される際、保証人になろうとする者は、主債務の元本の内容のほか、利息、違約金、損害賠償その他元本債務に従たる全てのものの定めの有無及びその内容についても、口授しなければならない（新法第465条の6第2項第1号イ）。

　この口授は、保証契約の内容を保証人になろうとする者に認識させるために行うものであるから、口授に際しては、主債務の利息や違約金が具体的な利率の数値によって定められている場合には、その数値を、例えば、「年10パーセントの利息」などと述べる必要がある。

　これに対して、利息が変動制である場合など利息や違約金が具体的な数値によって定められていない場合には、その変動の定め自体を口授することになる。

　なお、利息や損害金を具体的な利率の数値で定める予定ではあるものの、保証意思宣明公正証書を作成する段階では、その利率が確定していないこともある。この場合には、保証人になろうとする者に保証のリスクの上限を認識させるという観点からは、「年14パーセントの範囲内で定める利率」などと口授することも許容される。

Q58

　主債務の範囲に事業のために負担した貸金等債務が含まれる根保証契約について保証意思宣明公正証書が作成される際の口授事項は、どのようなものか。

A

　主債務の範囲に事業のために負担した貸金等債務が含まれる根保証契約を締結するケースについて保証人になろうとする者が口授すべき事項は、次のとおりである（新法第465条の6第2項第1号ロ）。

① 　主債務の債権者及び債務者

② 　主債務の範囲、根保証契約における極度額、元本確定期日の定めの有無及びその内容

③ 　主債務者がその債務を履行しないときには、極度額の限度において元本確定期日又は元本確定事由が生ずる時までに生ずべき主債務の元本及び従たる債務の全額について履行する意思を有していること。ただし、連帯保証の場合には、債権者が主債務者に対して催告をしたかどうか、主債務者がその債務を履行することができるかどうか、又は他に保証人があるかどうかにかかわらず、その全額について履行する意思を有していること。

124　第2部　Question & Answer

Q59

事業のために負担した貸金等債務を主債務とする保証契約又は主債務の範囲に事業のために負担した貸金等債務を含む根保証契約の主債務者に対する求償債務を主債務とする通常の保証契約（根保証契約を除くもの）について保証意思宣明公正証書を作成する際の口授事項は、どのようなものか。

A

事業のために負担した貸金等債務を主債務とする保証契約又は主債務の範囲に事業のために負担した貸金等債務を含む根保証契約の主債務者に対する求償債務を主債務とする通常の保証契約（根保証契約を除くもの）についても、原則として保証意思宣明公正証書の作成が必要となる（新法第465条の8第1項。例外については、同条第2項及び同法第465条の9参照）。

この保証意思宣明公正証書の口授事項は、事業のために負担した貸金等債務を主債務とする通常の保証契約について保証意思宣明公正証書を作成する際と基本的に同様であるが、具体的には、次のとおりである。

1　通常の保証契約に係る求償債務を主債務とする通常の保証契約

事業のために負担した貸金等債務を主債務とする通常の保証契約（甲保証契約）に係る求償債務を主債務とする通常の保証契約（乙保証契約）については、次のとおりである。

① 主債務の債権者及び債務者

「主債務の債権者及び債務者」として、乙保証契約の債権者（甲保証契約の保証人）及び乙保証契約の主債務者（甲保証契約の主債務者）を口授することになる。

② 主債務の元本

「主債務の元本」は、甲保証契約の保証人が甲保証契約に従い弁済する

Q59　125

ことによって生ずる求償債務である。そのため、具体的には、その発生の原因である甲保証契約の主債務の元本及び主債務に関する利息、違約金、損害賠償その他その債務に従たる全てのものの定めの有無及びその内容（さらに、甲保証契約の保証債務について独自に違約金又は損害賠償の額の約定があるとき（民法第447条第2項参照）は、その内容を含む）を口授した上で、「乙保証契約の債権者（甲保証契約の保証人）が甲保証契約に従い弁済したことによって生ずる求償債務」などと口授することになる。

③　主債務の利息等

　　「主債務の利息等」の内容等として、「乙保証契約における求償債務に関する利息、違約金、損害賠償その他その債務に従たる全てのものの定めの有無及びその内容」を口授することになる。

④　履行意思

　　「履行意思」として、「乙保証契約の主債務者がその債務を履行しないときには、その債務の全額について履行する意思を有していること。ただし、連帯保証の場合には、債権者が主債務者に対して催告をしたかどうか、主債務者がその債務を履行することができるかどうか、又は他に保証人があるかどうかにかかわらず、その全額について履行する意思を有していること」を口授することになる。

2　根保証契約に係る求償債務を主債務とする通常の保証契約

　　主債務の範囲に事業のために負担する貸金等債務が含まれる根保証契約（甲根保証契約）に係る求償債務を主債務とする通常の保証契約（乙保証契約）については、次のとおりである。

①　主債務の債権者及び債務者

　　「主債務の債権者及び債務者」として、乙保証契約の債権者（甲根保証契約の保証人）及び乙保証契約の主債務者（甲根保証契約の主債務者）を口授することになる。

②　主債務の元本

　　「主債務の元本」は、甲根保証契約の保証人が甲根保証契約に従い弁済

したことによって生ずる求償債務である。そのため、具体的には、甲根保証契約の主債務の範囲、甲根保証契約における極度額と元本確定期日の定めの有無及びその内容を口授した上で、「乙保証契約の債権者（甲根保証契約の保証人）が甲根保証契約に従い弁済したことによって生ずる求償債務」などと口授することになる。

③ 主債務の利息等

「主債務の利息等」の内容等として、「乙保証契約における求償債務に関する利息、違約金、損害賠償その他その債務に従たる全てのものの定めの有無及びその内容」を口授することになる。

④ 履行意思

「履行意思」として、「乙保証契約の主債務者がその債務を履行しないときには、その債務の全額について履行する意思を有していること。ただし、連帯保証の場合には、債権者が主債務者に対して催告をしたかどうか、主債務者がその債務を履行することができるかどうか、又は他に保証人があるかどうかにかかわらず、その全額について履行する意思を有していること」を口授することになる。

Q60

事業のために負担した貸金等債務を主債務とする保証契約又は主債務の範囲に事業のために負担した貸金等債務を含む根保証契約の主債務者に対する求償債務が主債務の範囲に含まれる根保証契約について保証意思宣明公正証書を作成する際の口授事項とは、どのようなものか。

A

　事業のために負担した貸金等債務を主債務とする保証契約（甲保証契約）又は主債務の範囲に事業のために負担した貸金等債務を含む根保証契約（甲根保証契約）の主債務者に対する求償債務が主債務の範囲に含まれる個人根保証契約（乙根保証契約）についても、原則として保証意思宣明公正証書の作成が必要となる（新法第465条の8第1項。例外については、同条第2項及び同法第465条の9参照）。

　この保証意思宣明公正証書を作成する際の口授事項は、主債務の範囲に事業のために負担した貸金等債務が含まれる個人根保証契約と基本的に同様であるが、具体的には、次のとおりである。

① 　主債務の債権者及び債務者

　「主債務の債権者及び債務者」として、乙根保証契約の債権者（甲保証契約又は甲根保証契約の保証人）及び乙根保証契約の主債務者（甲保証契約又は甲根保証契約の主債務者）を口授することになる。

② 　主債務の範囲

　「主債務の範囲」として、乙根保証契約における主債務の範囲を口授することになる。

　なお、甲保証契約の主債務の元本及び従たる債務（利息、違約金、損害賠償等）についての定めの有無及びその内容を口授する必要はない。ま

128　第2部 Question & Answer

た、甲根保証契約の主債務の範囲、極度額、元本確定期日の定めの有無及びその内容を口授する必要もない。

③　根保証契約における極度額

　　乙根保証契約における極度額を口授することになる。

④　元本確定期日の定めの有無及びその内容

　　「元本確定期日の定めの有無及びその内容」として、「乙根保証契約における元本確定期日の定めの有無及びその内容」を口授する。

⑤　履行意思

　　「履行意思」として、「乙根保証契約の主債務者がその債務を履行しないときには、その債務の全額について履行する意思を有していること。ただし、連帯保証の場合には、債権者が主債務者に対して催告をしたかどうか、主債務者がその債務を履行することができるかどうか、又は他に保証人があるかどうかにかかわらず、その全額について履行する意思を有していること」を口授することになる。

Q61

　商事保証など法律上当然に連帯する保証についても、「保証人に
なろうとする者が主債務と連帯して債務を負担しようとするもの
である場合」（新法第465条の6第2項）に含まれるのか。

A

　民法においては、保証は、原則として単純保証であり、債権者と保証人と
の間の保証契約において特約がない限り、連帯保証となることはないが、商
法においては、主債務又は保証に商行為性があるときは、特約が認められな
くとも、当然に連帯保証となる（商法第511条第2項）。

　他方で、新法においては、連帯保証について、保証意思宣明公正証書を作
成する際には、債権者が主債務者に対して催告をしたかどうか等にかかわら
ず、その全額について履行する意思を有していることを口授することとされ
ているが（新法第465条の6第2項）、前記のとおり、特約がなく、当然に連
帯保証となる場合にも、このような口授が必要となるかが問題となる。

　確かに、保証契約締結の際に特約を締結しなくとも連帯保証の特約がされ
たものと扱われる点では特殊性があるように思われる。

　しかし、連帯保証は単純保証と比較して保証人に不利であるため、そのこ
とを自覚せずに連帯保証人となることを防止するという新法の趣旨は、法律
上当然に連帯保証となる場合にも当てはまる。また、法律上当然に連帯保証
となる場合において新法の適用を排除する旨の規定も置かれていないから、
文言上は、当然に連帯保証となる場合にも保証意思宣明公正証書の作成が必
要となると解するのが自然である。

　そして、法律上当然に連帯保証となる場合に、連帯保証についての意思確
認が行われなかったときは、当該連帯保証契約は無効であり、単純保証の限
度で有効になるということもない（連帯保証契約を意識的に締結したが、実は

連帯保証についての意思確認がされていなかったというケースについても、同様に、単純保証の限度で効力が発生するとは解することができない)。

　なお、例えば、主債務又は保証に商行為性がある場合であっても、債権者と保証人との間で連帯保証ではなく、単純保証とする特約があるときは、当該保証は連帯保証ではなく、単純保証となるが、保証契約締結時にこのような特約を締結していたときには、連帯保証を前提とした口授がないことを理由に、当該保証が無効となることはない。

Q62

　公証人は、事業のために負担した貸金等債務を保証する保証契約等に該当しない場合、又は保証人が取締役等であり保証意思宣明公正証書作成の例外（新法第465条の９参照）に該当する場合にも、保証意思宣明公正証書を作成することは可能か。

A

　保証意思宣明公正証書を作成する際には、保証意思があることを確認するといった法定の要件・手続を踏む必要があるが、当該保証契約が事業のために負担した貸金等債務を主債務とする保証契約等に該当するかどうかは、保証意思宣明公正証書を作成するための要件ではない。

　また、保証人が取締役等であり保証意思宣明公正証書作成の例外（新法第465条の９参照）に該当しないかどうかも、同様に、保証意思宣明公正証書を作成するための要件ではない。

　したがって、公証人においては、当該保証契約が事業のために負担した貸金等債務を保証する保証契約等に該当しない場合、又は保証人が取締役等であり保証意思宣明公正証書作成の例外（新法第465条の９参照）に該当する場合にも、保証意思宣明公正証書を作成することは可能である。

3 公証人による保証意思の確認

Q63

保証意思宣明公正証書を作成する際に、公証人は、保証人になろうとする者の保証意思をどのように確認するのか。

A

1 保証意思の確認

公証人は、保証意思を確認する際には、保証人になろうとする者が保証しようとしている主債務の具体的内容を認識しているかどうかや、保証契約を締結すれば保証人は保証債務を負担し、主債務が履行されなければ自らが保証債務を履行しなければならなくなることを理解しているかどうかを検証し、保証人になろうとする者が保証のリスクを十分に理解した上で、相当の考慮をして保証契約を締結しようとしているか否かを見極めなければならない。

2 確認すべき保証のリスクの内容等

ここでいう保証のリスクとは、保証契約の法的意味はもちろんのこと、その契約を締結しようとしている者自身が、当該保証債務を負うことによって直面し得る具体的な不利益を意味する。

そのため、保証人になろうとする者が主債務の具体的な内容を理解しているかどうかに疑問がある場合には、主債務の内容を確認するように促すなどして、その理解の程度を確認しなければならない。

さらに、当該保証債務を履行することができなければ、住居用の不動産を強制執行されて生活の本拠を失ったり、給与を差し押さえられて現在の生活の維持が困難になったり、預金を差し押さえられて当座の生活にも困窮したりするといった事態が生じ得ることを現に認識しているのかなどを確認し、

その保証のリスクを具体的に理解しているのかを十分に見極めることが要請される。

また、そもそも、保証契約の法的意味に関し、保証人になろうとする者がそのことを理解しているかどうかに疑問がある場合には、主債務が履行されなかったときは自らが保証債務を履行しなければならなくなることや、保証の範囲には特段の定めがない限り主債務の元本のほか、利息、違約金、遅延損害金その他主債務に従たる全てのものが含まれること（民法第447条第1項参照）などについて保証人になろうとする者が理解しているかどうかを確認しなければならない。さらに、保証人になろうとする者が締結しようとしている契約が連帯保証契約である場合には、催告の抗弁及び検索の抗弁を主張することができないこと、分別の利益がないことについても、保証人になろうとする者が理解しているかどうかを確認しなければならない。

3　主債務者の財産状況

さらに、保証人になろうとする者が保証のリスクを理解しているのかを確認するに当たっては、保証人になろうとする者が主債務者の財産状況等について認識しているのかを確認することも重要である。新法においては、保証のリスクを判断するために必要な情報を提供させる趣旨で、主債務者は、事業のために負担する債務についての保証の委託をするときは、保証人になろうとする者に対し、主債務者の財産及び収支の状況等に関する情報を提供しなければならないとしている（新法第465条の10）。保証意思を確認する際には、この情報提供義務に基づいて提供された情報も確認し、保証人になろうとする者がその情報も踏まえて保証人になろうとしているかを見極めることになる。保証をしようとする者が主債務者の財産状況等の情報の提供を受けていないことが確認された場合には、公証人は、まずは情報の提供を受けるように促すことになるものと考えられる。

4　経緯の確認

そのほか、仮に債権者や主債務者から強く保証人となることを求められたといった事情があることがうかがわれた場合には、保証のリスクを認識して

いるか否かをより丁寧に確認するのが適切であることから、保証意思の確認に当たっては、保証人になろうと決断した経緯についても確認することが考えられる。

Q64

　保証人になろうとする者に保証意思がないにもかかわらず、保証意思宣明公正証書が作成された場合には、保証契約自体も無効となるのか。公証人には、保証意思を確認することができない場合には保証意思宣明公正証書の作成を拒絶する義務があるのか。

A

　保証人になろうとする者に保証意思がないにもかかわらず、公証人が保証意思宣明公正証書を作成することは民法上予定されておらず、仮にそのような状態で公正証書が作成されたとしても、それは保証意思宣明公正証書には該当しない。したがって、保証意思がないのに保証意思宣明公正証書が形式上作成されるということがあったとしても、保証意思が保証意思宣明公正証書によって表示されていないため、新法第465条の6第1項所定の要件を欠き、後に締結された保証契約は無効になる。

　仮に保証人になろうとする者の保証意思を確認することができない場合には、公証人は、無効な法律行為等については証書を作成することができないとする公証人法第26条に基づき、公正証書の作成を拒絶しなければならない。

Q65

保証意思宣明公正証書の作成がなければ有効に成立しない保証契約について、その保証契約の締結自体について公正証書を作成すれば、その締結に先立って保証意思宣明公正証書を作成していなくても、当該保証契約は有効になるのか。

A

保証契約の締結は他の契約一般と同様に公正証書によってすることもできるが、この公正証書（以下「保証契約公正証書」という）は、保証意思宣明公正証書とは区別されるものである。

すなわち、保証意思宣明公正証書は、公証人が確認すべき事項や、口授事項等が法定されているほか、代理人による嘱託が許されていないなど、保証契約公正証書と作成手続は大きく異なるし、保証意思宣明公正証書は、保証契約の締結に先立って作成されていなければならないものであるため（新法第465条の6第1項）、保証意思宣明公正証書と保証契約公正証書を一つの公正証書によって作成することもできない。

したがって、契約締結に先立って保証意思宣明公正証書の作成がなければ有効に成立しない保証契約について、その締結自体について保証契約公正証書を作成していても、その締結に先立って保証意思宣明公正証書が作成されていなければ、当該保証契約は有効になることはない。

Q65　137

4 保証意思宣明公正証書作成の例外①（理事、取締役等）

Q66

　保証人になる際に保証意思宣明公正証書の作成を要しないとされている主債務者が法人である場合の理事、取締役又は執行役（新法第465条の9第1号参照）には、正式な選任手続がとられていないが、事実上理事、取締役又は執行役の役割を代行している者も含まれるのか。また、そのような役割を果たしている者は、理事、取締役又は執行役に準ずる者に該当するのか。

A

　新法においては、法人の執行機関又はその機関の構成員である理事、取締役又は執行役の地位に着目して、主債務者が法人である場合の理事、取締役又は執行役が保証人である保証契約については、保証意思宣明公正証書の作成を要しないものとしている（新法第465条の9）。

　そのため、ここでいう理事、取締役又は執行役は、法律上正式に理事、取締役又は執行役の地位にある者をいい、事実上、その役割を代行している者は含まれない。

　また、理事、取締役又は執行役に準ずる者（新法第465条の9第1号）とは、株式会社や一般社団法人以外の各種の法人において、理事、取締役等と同様に、法人の重要な業務執行を決定する機関又はその構成員の地位にある者をいう。したがって、事実上理事、取締役等の役割を代行している者は、この「準ずる者」にも含まれない（注1）（注2）。

　（注1）　理事、取締役又は執行役を法律上代行している者も、飽くまでも代行者に過ぎないから、「理事、取締役、執行役又はこれらに準ずる者」には含まれない。例えば、一時役員の職務を行うべき者（一時取締役。会社

138　第2部　Question & Answer

法第346条第2項）や職務代行者（民事保全法第56条）は、含まれない。
（注2）　破産管財人や更生管財人など法人の財産の管理処分権を有する者も、
　　　　「理事、取締役、執行役又はこれらに準ずる者」には含まれないと解される。

Q67

　保証人になる際に保証意思宣明公正証書の作成を要しないとされている主債務者が法人である場合の「理事、取締役、執行役又はこれらに準ずる者」（新法第465条の9第1号）とは何か。例えば、「執行役員」は含まれるのか。

A

　主債務者が法人である場合の「理事、取締役、執行役又はこれらに準ずる者」とは、正式に理事、取締役又は執行役の地位にある者のほか理事、取締役等と同様に、法律上、法人の重要な業務執行を決定する機関又はその構成員の地位にある者をいう。例えば、宗教法人における責任役員（宗教法人法第18条）や、持分会社において業務執行社員が定められた場合における業務執行社員（会社法第591条、第593条）などがこれに該当する。

　他方で、実務上用いられることがある「執行役員」については、正式に理事や取締役等の地位にはなく、従業員に過ぎないのであれば、法律上は、法人の重要な業務執行の決定に関与する機関の地位にはないから、「理事、取締役、執行役又はこれらに準ずる者」に該当しないので、保証意思宣明公正証書の作成を例外的に必要としない者には含まれないことになる。

Q68

正式な選任手続がとられていないが、主債務者の取締役として登記がされている者は、保証意思宣明公正証書の作成を要しない「理事、取締役、執行役又はこれらに準ずる者」（新法第465条の9第1号）に該当するのか。

A

新法においては、事業のために負担する貸金等債務を個人が保証する保証契約であっても、主債務者が法人である場合のその「理事、取締役、執行役又はこれらに準ずる者」が保証人であるものについては、保証意思宣明公正証書が作成されていなくても、有効に成立し得るとしているが（新法第465条の9第1号）、ここでいう取締役等は、法律上正式に取締役等の地位にある者をいう。

そのため、登記上は取締役であるが、実際には取締役ではなかった者は、「理事、取締役、執行役又はこれらに準ずる者」に該当しないため、この者が保証人となった事業のために負担する貸金等債務を保証する保証契約は、他の例外事由に該当しない限り、保証意思宣明公正証書の作成が必要となる。

もっとも、判例は、取締役でないのに取締役として就任の登記をされた者が故意又は過失によりその登記につき承諾を与えていたときは、その登記をされた者は、自己が取締役でないことをもって善意の第三者に対抗することができないとしている（注1）。

そのため、具体的な事案ごとの判断ではあるが、登記上は取締役であるが、実際には取締役でなかった者が、その登記につき故意又は過失により承諾を与えていたときは、善意の債権者に対して、自らが取締役でないことを主張できず、そのため、保証意思宣明公正証書の作成なく締結された保証契

約が無効であると主張することができないこともあり得ると解される（注
2）。

(注1)　会社法第908条第2項は、故意又は過失によって不実の事項を登記した
　　　　者は、その事項が不実であることをもって善意の第三者に対抗すること
　　　　ができないとするが、これは、登記を申請する者（登記申請権者。ここ
　　　　では、会社）にのみ適用され、登記をされた者（ここでは、取締役）に
　　　　は直接適用されないと解されている。
　　　　　もっとも、判例（最判昭和47年6月15日民集26巻5号984頁）は、取締
　　　　役でないのに取締役として就任の登記をされた者が故意又は過失により
　　　　その登記につき承諾を与えていたときには、会社法の施行に伴う関係法
　　　　律の整備等に関する法律（平成17年法律第87号）による改正前の商法（以
　　　　下「旧商法」という）第14条（会社法第908条第2項に相当する規定）を
　　　　類推適用することを認め、承諾を与えていた者は、自己が取締役でない
　　　　ことをもって善意の第三者に対抗することができないとしている。
　　　　　なお、学説では、この昭和47年の判例以降も、下級審の裁判例におい
　　　　ては、単に取締役として名義を貸すことに承諾しただけで、会社の業務
　　　　に全く関与していないような者に責任を認めることに慎重な傾向がみら
　　　　れると分析する見解が有力である。

(注2)　取締役を辞任したが、その辞任の登記がされていない場合において、
　　　　その辞任の登記がされていない者が、保証意思宣明公正証書の作成なく、
　　　　保証契約を締結したときに、その者は、保証契約当時自らが取締役でな
　　　　かったことを理由に、その保証が無効であると主張することができるか
　　　　も問題となる。
　　　　　判例（最判昭和62年4月16日集民150号685頁）は、株式会社の取締役
　　　　を辞任した者は、登記申請権者である当該株式会社の代表者に対し辞任
　　　　登記をしないで不実の登記を残存させることにつき明示的に承諾を与え
　　　　ていたなどの特段の事情がある場合には、旧商法第14条（会社法第908条
　　　　第2項に相当する規定）の類推適用により、当該株式会社の取締役でな
　　　　いことをもって善意の第三者に対抗することができないとする。
　　　　　そのため、この判例に従えば、具体的な事案ごとの判断になるが、取
　　　　締役であった者が不実の登記を残存させることにつき明示的に承諾を与
　　　　えているなどの特段の事情がある場合には、その取締役において、保証
　　　　契約当時既に取締役ではなく、保証意思宣明公正証書が作成されていな
　　　　いことを理由に保証契約は無効であるなどと主張することが許されない
　　　　こともあり得ると解される。

5 保証意思宣明公正証書作成の例外②（過半数株主等）

Q69

　法人である主債務者の総株主の議決権の過半数を有する者が保証人である場合の保証契約については、保証意思宣明公正証書の作成を要しないが、この「総株主の議決権」に「株主総会において決議することができる事項の全部につき議決権を行使することができない株式」（新法第465条の９第２号イ）についての議決権が含まれないこととしたのはなぜか。

A

　新法においては、事業のために負担した貸金等債務を保証する保証契約であっても、主債務者が法人であり、かつ、保証人がその法人の議決権の過半数を有する者であるものについては、保証意思宣明公正証書の作成を要しないこととしている（新法第465条の９第２号イ）。

　法人の議決権の過半数を有する者であれば、その議決権を行使することで、主債務者の経営に関与することができ、主債務者の事業の状況を把握することができる立場にあるから、保証のリスクを十分に認識せずに保証契約を締結するおそれが定型的に低いといえるからである。

　もっとも、このような観点からすると、あらゆる決議事項について議決権を行使することができない株式（注１）については、議決権を行使することで、主債務者の経営に関与することができるものとはいえないから、このような株式についての議決権は保証意思宣明公正証書の作成の要否の基準となる議決権から除外するのが相当である（注２）。

　そこで、新法においては、保証意思宣明公正証書の作成の要否の基準となる議決権には、このような株式についての議決権は含まれないこととしてい

Q69　143

る（新法第465条の9第2号イ）（注3）。

- （注1）　会社は、定款の定めにより、株式に関し、議決権を行使することができる事項を制限したり、そもそも議決権を行使したりすることができなくすることもできる（会社法第108条第1項第3号）。
- （注2）　会社法第308条が規定する相互保有株式（例えば、A会社とB会社とが相互に相手方会社の株式を保有している状態にある場合におけるそれらの株式をいう）についての議決権は、保証意思宣明公正証書の作成の要否の基準となる議決権には含まれない（会社法第308条第1項、会社法施行規則第67条第1項）。
- （注3）　議決権を行使することができる事項について一定の制限が付された株式も存在する。このような株式については、議決権を行使することができる事項によって経営への関与の度合いを区別することは困難であることから、保証意思宣明公正証書の作成の要否の基準となる議決権に含まれることとしている（「決議をすることができる事項の全部につき議決権を行使することができない株式についての議決権を除く」（新法第465条の9第2号イ）とあることから、その反対解釈として、決議事項の一部につき議決権を行使することができない株式についての議決権は含むことになる）。

144　第2部　Question & Answer

Q70

　XがＡ社の株式の過半数を有し、Ａ社がＢ社の株式の過半数を
有し、Ｂ社がＣ社の株式の過半数を有している場合において、Ｘ
がＣ社の事業のために負担した貸金等債務を保証する保証契約を
締結するときには、保証意思宣明公正証書の作成を要するのか。
また、ＸがＡ社とＢ社の株式の過半数をそれぞれ有し、Ａ社とＢ
社が有するＣ社の株式の合計がＣ社の株式の過半数に達する場合
において、ＸＣ社の事業のために負担した貸金等債務を保証す
る保証契約を締結するときは、どうか。

A

　新法第465条の９第２号ロは、主債務者の総株主の議決権（株主総会におい
て決議することができる事項の全部につき議決権を行使することができない株式
についての議決権を除く。以下本問で同じ）の過半数を他の株式会社が有する
場合における当該他の株式会社の総株主の議決権の過半数を有する者が、事
業のために負担した貸金等債務を保証する保証契約を締結するときには、保
証意思宣明公正証書の作成を要しないとしている。これは、このような者
は、主債務者の総株主の議決権の過半数を有する株式会社を直接支配し、そ
の議決権の行使を通じて、主債務者である株式会社の経営に強く関与するこ
とができ、その事業の状況を把握することができる立場にあるといえ、主債
務者の株式を直接保有する場合と同様に、保証のリスクを十分に認識せずに
保証契約を締結するおそれが定型的に低いといえるからである。

　したがって、ＸがＡ社の株式の過半数を有し、Ａ社がＢ社の株式の過半数
を有している場合において、ＸがＢ社の事業のために負担した貸金等債務を
保証する保証契約を締結するケースでは、保証意思宣明公正証書の作成は不
要となる。

ところで、同様の観点からすると、例えば、XがA社の株式の過半数を有し、A社がB社の株式の過半数を有し、B社がC社の株式の過半数を有している場合において、XがC社の事業のために負担した貸金等債務を保証する保証契約を締結するケースにおいても、保証意思宣明公正証書の作成を要すると考えられないかとの疑問も生じ得る。しかし、このケースにおいては、Xは主債務者の議決権を行使することができるB社を直接支配しておらず、前記のケースと比較して、保証人と主債務者との関係は希薄であるし、このケースに保証意思宣明公正証書の作成を不要とすることは、新法第465条の9第2号ロの文言にも反する。そのため、このケースでは、保証意思宣明公正証書の作成を要するものと解される（注1）（注2）（注3）。

　また、例えば、XがA社とB社の株式の過半数をそれぞれ有し、A社とB社が有するC社の株式の合計がC社の株式の過半数に達する場合において、XがC社の事業のために負担した貸金等債務を保証する保証契約を締結するというケースもあり得る。このケースについては、Xは主債務者の議決権を行使することができるA社とB社を直接支配しているし、新法第465条の9第2号ロの文言も「総株主の議決権の過半数を他の株式会社が有する場合」とするが、その「他の株式会社」が複数である場合を特に排除していない。そのため、このケースでは、保証意思宣明公正証書の作成を要しないものと解される。

（注1）　民法第465条の9第2号は、保証人が主債務者を支配していることに着目して、保証意思宣明公正証書作成の例外を定めるが、ここでは、実質的支配概念を採用せず、形式的支配概念を採用しており、実際に保証人が主債務者を支配しているかどうかではなく、議決権の過半数を有するかどうかなどの形式的な基準によって定めることとしている。その上で、同号は、主債務者が株式会社である場合に関し形式的な基準として、イ、ロ及びハを定めており、これらに該当しないものは、実際に保証人が主債務者を支配しているという関係にあっても、保証意思宣明公正証書の作成を要するとしている。

（注2）　新法第465条の9第2号ニは「株式会社以外の法人が主たる債務者である場合におけるイ、ロ又はハに掲げる者に準ずる者」について規定を置

146　第2部　Question & Answer

くが、この規定は、株式会社には適用がなく、本文記載のケースについて、この規定を根拠に保証意思宣明公正証書の作成を不要とすることができるものではない。

（注3）　そのほか、XがA社の株式の過半数を有し、A社がB社の株式の過半数を有し、C社の株式の過半数をXとBが有するというケースについても、同様の理由から、XがC社の事業のために負担した貸金等債務を保証する保証契約を締結するときは、保証意思宣明公正証書の作成を要すると解される。

⑥ 保証意思宣明公正証書作成の例外③（共同事業者）

Q71

　保証人になる際に保証意思宣明公正証書の作成を要しないとされている主債務者が個人である場合のその主債務者と「共同して事業を行う者」（新法第465条の9第3号）とは何か。例えば、アパート経営を行っている者の法定相続人は、ここでいう共同して事業を行う者に含まれるのか。

A

　新法においては、事業のために負担した貸金等債務を保証する保証契約等であっても、主債務者が個人であり、かつ、保証人がその主債務者と共同して事業を行う者であるものについては、保証意思宣明公正証書の作成を要しないこととしている（新法第465条の9第3号）。

　ここでいう「共同して事業を行う」とは、組合契約など事業を共同で行う契約などが存在し、それぞれが事業の遂行に関与する権利を有するとともに、その事業によって生じた利益の分配がされるなど事業の成功・失敗に直接的な利害関係を有する場合を指す。具体的な例としては、友人や知人が共同でカフェ等の飲食店等を経営する場合や、複数の弁護士、税理士等が共同で事務所等を経営する場合を想定している。

　したがって、アパート経営を行っている者の法定相続人は、具体的な事実関係にもよるが、通常は、このような共同事業者には当たらず、ここでいう「共同して事業を行う者」には該当しないと考えられる。

7 保証意思宣明公正証書作成の例外④（配偶者）

Q72

　主債務者が個人である場合のその主債務者の配偶者が事業のために負担した貸金等債務を保証する保証契約を締結した場合において、後に婚姻の無効が判明したときは、保証意思宣明公正証書を作成せずにされた保証契約の効力はどうなるのか。また、婚姻の取消しがされた場合には、保証意思宣明公正証書を作成せずにされた事業のために負担した貸金等債務を保証する保証契約の効力はどうなるのか。

A

　新法においては、事業のために負担した貸金等債務を保証する保証契約であっても、保証人が主債務者（法人であるものを除く）の配偶者（主債務者が行う事業に現に従事しているものに限る。以下本問で同じ）であるときは、当該保証契約は、保証意思宣明公正証書の作成がなくとも、有効に成立し得るとしているが（新法第465条の9第3号）、ここでいう主債務者の配偶者とは、主債務者との間で婚姻関係にある相手方を意味し、主債務者との間に有効な婚姻関係がない者は、ここでいう主債務者の配偶者に該当しない。

　ところで、民法は、婚姻の無効事由を定める（人違いその他の事由によって当事者間に婚姻をする意思がないなど。同法第742条参照）が、一般的に、無効事由があるときは、婚姻無効の判決がなくても、当該婚姻は当然に無効であると解されている。そのため、主債務者との間に婚姻関係が形式上ある者であっても、その婚姻に無効事由があるときは、その者はここでいう主債務者の配偶者には、該当しない。

　そして、以上のことは、婚姻の無効事由があることを債権者が知っていた

Q72　149

のかによって左右されることはなく、保証人が知っていたかどうかにも左右されない。

　したがって、主債務者との間に形式上婚姻関係がある者が、その婚姻に無効事由がありながら、保証意思宣明公正証書を作成せずに、事業のために負担した貸金等債務を保証する保証契約を締結した場合には、他の例外要件に該当しない限り、当該保証契約は無効となる（もっとも、この場合に、保証人になろうとする者が、自己の婚姻に無効事由があることを知っていたなどの事情があるときは、債権者に対する不法行為による損害賠償請求権が成立するかが問題となり得る）。

　また、民法は、婚姻の無効事由のほかに、婚姻の取消事由を定める（民法第744条から第747条まで）が、婚姻の取消しは、将来に向かってのみその効力を生ずることとされている（同法第748条第1項）。そして、新法第465条の9は、事業のために負担した貸金等債務を保証する保証契約であっても、当該保証契約の締結時に保証人が主債務者の配偶者であれば、保証意思宣明公正証書が作成されていなくても、有効であるとするものであり、保証契約の締結後に保証人が主債務者の配偶者でないこととなったとしても、有効に成立した保証契約を無効とするものではない。したがって、保証人が主債務者の配偶者であるために保証意思宣明公正証書を作成しないで締結された事業のために負担した貸金等債務を保証する保証契約はその後に婚姻の取消しがされても、無効となるものではない。

150　第2部　Question & Answer

Q73

　保証意思宣明公正証書の作成を要しないとされている主債務者が個人である場合のその主債務者の配偶者について、「事業に現に従事している」（新法第465条の9第3号）との要件はどのように判断されることになるのか。

A

　新法においては、事業のために負担した貸金等債務を保証する保証契約であっても、主債務者が個人であり、保証人が主債務者の配偶者であるときは、保証意思宣明公正証書の作成がなくとも有効に成立し得るとしているが（新法第465条の9第3号）、それは飽くまでも「事業に現に従事している」配偶者に限定されている。

　すなわち、個人が事業を行っている場合には比較的零細であることが多いことを前提とすると、「事業に現に従事している」配偶者であれば、その事業の状況等を把握することは十分に可能であると考えられるのであり、そうであるからこそ、保証意思の確認を不要とすることが許容される。

　このような趣旨に照らせば、「事業に現に従事している」とは、文字どおり、保証契約の締結時においてその主債務者が行う事業に実際に従事しているといえることが必要であると考えられる。したがって、単に書類上事業に従事しているとされているだけでは足りず、また、保証契約の締結に際して一時的に従事したというのでは足りないことになる。

8 保証意思宣明公正証書作成の例外⑤（その他）

Q74

保証人が主債務者の事業を承継する予定者である場合であっても、保証意思宣明公正証書の作成を要することとしたのはなぜか。

A

　法制審議会民法（債権関係）部会における検討の過程において、事業承継予定者については、金融庁の監督指針等においても一定の要件の下で第三者保証の禁止の例外とされていることを踏まえ、公証人による保証意思の確認の対象外とすべきであるとの意見があった。

　しかし、事業を承継する予定であったとしても、いまだ主債務者の取締役等の地位にない以上は主債務者の事業の状況を把握することができる立場にあるとはいい難く、保証のリスクを十分に認識せずに保証契約を締結するおそれが定型的に低い状況にあるとはいえない。

　そのため、新法においては、事業承継予定者については、公証人による保証意思の確認の対象外とはせず、保証意思宣明公正証書の作成を要することとしている。

152　第2部　Question & Answer

Q75

　事業のために負担した貸金等債務を保証する保証契約について、保証意思宣明公正証書作成の例外事由に該当するために保証意思宣明公正証書を作成せずに保証契約を締結した後に、例外事由に該当しないこととなった場合には、当該保証契約の効力に影響は生ずるのか。また、保証意思宣明公正証書を作成せずに保証人となった者が、その後に例外事由に該当することとなった場合には、保証契約の効力に影響は生ずるのか。

A

　新法第465条の９は、主債務者が法人である場合の主債務者の取締役や、主債務者が個人（法人でない者）である場合の主債務者の配偶者（主債務者が行う事業に現に従事するものに限る）等が保証人となる場合には、事業のために負担した貸金等債務を保証する保証契約であっても、保証意思宣明公正証書を作成しなくとも効力を生ずるとするが、その趣旨は、保証契約の締結時において当該保証人が取締役等であり、同条各号所定の例外事由に該当するのであれば、保証意思宣明公正証書の作成を不要とするものである。

　したがって、事業のために負担した貸金等債務を保証する保証契約について、保証人が取締役又は事業に現に従事する配偶者等であったため、保証意思宣明公正証書を作成せずに、保証契約を締結した後に、当該保証人が取締役や配偶者等でなくなったとしても、当該保証契約は、当該保証人が取締役等でなくなったことを理由に、無効とはならない。

　他方で、事前に保証意思宣明公正証書が作成されていなかったために、事業のために負担した貸金等債務を保証する保証契約の効力が生じないことになった後に、その保証人である者が例外事由に該当することとなったとしても、その保証契約がその時点から有効になることはない。

Q75　153

Q76

　主債務者の取締役の地位にない者など保証意思宣明公正証書作成の例外事由に該当しない者が自ら例外事由に該当すると装っていたために、保証意思宣明公正証書を作成しないで締結された保証契約は有効か。

A

　事業のために負担した貸金等債務を保証する保証契約は、新法第465条の9各号所定の例外事由に該当しない限り、事前に保証意思宣明公正証書が作成されていなければ、その効力を生じない。このことは、保証人の言動により債権者が例外事由に該当すると誤信して、保証意思宣明公正証書の作成を要しないと判断した場合であっても、変わりがなく、保証契約の効力は生じないこととなる（注1）（注2）。

（注1）　なお、保証契約の効力が生じないとしても、保証人の行為が債権者との関係で不法行為に該当する場合には、債権者は、保証人に対して、不法行為に基づく損害賠償を請求することができる。

（注2）　取締役の地位にない者について取締役の登記がされていたケースについては、**Q68**参照。

154　第2部　Question & Answer

Q77

　保証人が債権者に対し保証意思宣明公正証書作成の例外事由に該当することを確約した場合（いわゆる「表明保証」をした場合）には、仮に実際には例外事由に該当しないとしても、表明保証の効果として、事業のために負担した貸金等債務を保証する保証契約が有効となるのか。また、表明保証において、例外事由に該当しない場合には一定の損害賠償金を支払う旨の特約がされていた場合には、その特約に基づいて損害賠償金の請求をすることができるのか。

A

　事業のために負担した貸金等債務を保証とする保証契約は、例外事由に該当しない限り、事前に保証意思宣明公正証書が作成されていなければ、その効力を生じない。このことは、保証人が債権者に対し自らが例外事由に該当することを確約していても、同じである。

　他方で、保証人と債権者との間で、保証人が債権者に対し自らが例外要件に該当することを確約し、それが事実に反し、保証契約が無効である場合には一定の損害賠償金を支払うなどとする旨の特約を締結することについては、これを否定する理由はなく、基本的には有効であると解される。もっとも、このような特約が締結されていても、保証人に何らの帰責事由がないケースについてまで、保証人が損害賠償金の支払義務を負うと解するのは困難であると考えられる。通常であれば、個人である保証人が自らに何らの帰責事由がない場合にまで義務を負うことを想定して特約をすることは考え難く、そのような特約は、その合理的な意思解釈として、飽くまでも保証人に帰責事由があることを前提としていると解されるし、保証人に何らの帰責事由がないにもかかわらず損害賠償金の支払義務を課すことは新法第465条の

6以下の規定の保証人の保護の趣旨に反するおそれもあるほか、消費者契約法にも反すると思われるからである。また、特約の損害賠償金の額が高額であり、債権者が被った損害を超えている場合にまで特約どおりの金額の支払義務を負わせると、保証人の保護に反するため、基本的には債権者が実際に被った損害の範囲に限って賠償は認められるものと解される。

9 保証意思宣明公正証書と保証契約等との不一致

Q78

　保証意思宣明公正証書の記載と保証契約の内容が一致しない場合には、保証契約の効力は認められるのか。また、一致している範囲で保証契約が有効になることはないのか。

A

　保証の対象となっている債権が異なるなど、保証意思宣明公正証書を作成する際に口授の対象となっている事項について、保証意思宣明公正証書の内容とその後に締結された保証契約の内容とが異なっている場合には、確認された保証意思とは異なる内容の保証契約が締結されたのであり、当該保証契約における保証意思について保証意思宣明公正証書は存在しない。したがって、この場合には、その保証契約は有効ではないことになる。

　また、この場合には、保証契約全体が無効となるのであり、保証意思宣明公正証書の記載と保証契約の内容が一致している範囲で保証契約が有効になるものではない（注1）。

　例えば、根保証契約以外の保証契約において、保証意思宣明公正証書では、主債務の元本は1000万円であると記載されているが、実際の保証契約では主債務の元本が2000万円である場合には、当該保証契約は全体として無効となるのであり、1000万円の限度で有効となるものでもない。

　また、以上のことが保証意思宣明公正証書の法定の口授事項の種別によって違いが生ずるのかも問題となる。確かに、保証人の責任の範囲を定めるという観点からみると、保証意思宣明公正証書の法定の口授事項の中には、その重要度に多少の違いがあると思われるが、新法は、いずれも保証人の責任の範囲を定めるために重要な事項であり、保証契約を特定するために必要な

Q78　157

事項を、口授事項として法定したものである。したがって、保証意思宣明公正証書の口授事項の種別に関係なく、法定の口授事項に関し、保証意思宣明公正証書の記載と保証契約の内容に不一致があれば、保証契約全体が無効となるのであり、保証意思宣明公正証書の記載と保証契約の内容が一致している範囲で保証契約が有効になるものではない（注2）。

例えば、通常の保証契約において、保証意思宣明公正証書では、主債務の利息の利率は年2パーセントであると記載されていたが、実際の保証契約では主債務の利息が年4パーセントである場合には、当該保証契約は全体として無効となる。

(注1) もっとも、裁判において、保証意思宣明公正証書の記載と比較して、そのずれの内容も極めて軽微であって、保証意思宣明公正証書で確認された保証意思と保証契約との間に同一性があると認定された場合に、保証意思宣明公正証書の記載と保証契約の不一致を理由に保証契約の効力を否定することは信義則上許されないとして、救済的に当該保証契約が有効であると判断されることは、一般論としては、あり得るとは考えられるが、実際には、そのような事案は相当限られてくるのではないかと考えられる。

また、保証意思宣明公正証書の記載と保証契約との間にずれがある場合に、前記のような判断をして、当該保証契約が有効であると判断するには、証人尋問等の証拠調べを経た上で、保証意思宣明公正証書で確認された保証意思と保証契約との間に同一性があると認定される必要があるが、そのような認定は、司法機関である裁判所でなければすることができず、事前にそのような認定がされるのかを予測することは困難である。そのため、例えば、保証意思宣明公正証書が作成された後に、公証人が、別途保証契約公正証書（保証契約自体の公正証書をいう）の嘱託を受け、その際にその嘱託の内容と保証意思宣明公正証書の記載との間にずれがあることに気付いたのであれば、そのずれが軽微であっても保証契約公正証書を作成することはできないというほかなく、公証人としては、作成を拒絶することになると解される。

(注2) (注1)のとおり不一致を理由に保証契約の効力を否定することは信義則上許されないとして、救済的に当該保証契約が有効であると判断されることは、あり得るとは考えられるが、仮に、そのような判断をする際には、口授事項の重要度の差異は当然に考慮されるべきものと考えられる。

158　第2部　Question & Answer

Q79

保証意思宣明公正証書の記載と保証契約の内容が一致していないが、例えば、保証意思宣明公正証書に主債務の元本として1000万円と記載され、実際の保証契約における主債務の元本の額が800万円である場合にも、保証契約の効力は認められないのか。

A

　保証意思宣明公正証書の記載と実際に締結された保証契約の内容が一致しない場合には、保証契約の効力は認められないし、一致している範囲で保証契約が有効になるものでもない。

　もっとも、例えば、通常の保証契約において、保証意思宣明公正証書には主債務の元本として1000万円と記載されていたが、実際の保証契約における主債務の元本の額が800万円である場合には、保証意思宣明公正証書の内容と比較して、当該保証契約の内容が保証人に有利であるため、当該保証契約の効力を認めてもよいとの考え方もあり得るところである。しかし、新法は、保証契約を特定するために必要な事項として、主債務の元本などの事項を口授事項として法定したものであり、保証意思宣明公正証書の法定の口授事項に係る記載と保証契約の内容が一致していない場合には、保証契約を特定する要素に「ずれ」があり、保証意思宣明公正証書において確認された保証意思と当該保証契約との間に同一性を認めることはできないというほかないと解される。したがって、前記のような場合にも、当該保証契約は全体として無効となるものと解される（なお、「甲が乙に金1000万円以内で貸し付ける金員の貸金債務について保証する」との記載が許されることについては、**Q56**参照。このような記載がされた場合には、そもそも「ずれ」は生じていないことになる）。

　なお、裁判において、保証意思宣明公正証書の記載と保証契約の内容を比

較して、その「ずれ」の内容も極めて軽微であって、保証意思宣明公正証書で確認された保証意思と保証契約との間に同一性があると認定された場合に、保証意思宣明公正証書の記載と保証契約の不一致を理由に保証契約の効力を否定することは信義則上許されないとして、救済的に当該保証契約が有効であると判断されることは、一般論としては、あり得るとは考えられるが、実際には、そのような事案は相当限られてくるのではないかと考えられる。

Q80

　法定の口授事項についての保証意思宣明公正証書の記載と実際の保証契約の内容は一致していたが、保証意思宣明公正証書に法定の口授事項以外の事項として記載されていた内容や、引用するために添付された書類や編綴された書類等の記載内容が実際の保証契約の内容と異なっている場合に、保証契約の効力は認められるのか。

A

　保証意思宣明公正証書の法定の口授事項についての保証意思宣明公正証書の記載と実際の保証契約の内容は一致していたが、その余に関して次のような食い違いがあることがあり得る。

①　保証意思宣明公正証書自体に法定の口授事項以外の事項を記載した場合において、その事項が実際のものと異なっていたとき。

　例えば、保証意思宣明公正証書に主債務の弁済期を記載したが、実際の弁済期と異なっていた場合や、根保証契約の保証意思宣明公正証書に元本確定事由を記載したが、実際のものと異なっていた場合などがこれに当たる。

②　保証意思宣明公正証書に法定の口授事項を記載する際に、消費貸借契約書又は保証契約書を引用した場合において、法定の口授事項以外の事項について、添付した消費貸借契約書又は保証契約書が実際のものと異なっていたとき。

　例えば、保証意思宣明公正証書では、主債務の元本及び利息等は、添付の消費貸借契約書のとおりとし、その引用部分自体には誤りはなかったが、添付の消費貸借契約書に記載されていた弁済期や期限の利益喪失約款などが、実際のものと異なっていた場合などがこれに当たる。

Q80　161

③　保証人になろうとする者が保証意思宣明公正証書を作成する際に、公証人に提出した資料等が附属書類として保証意思宣明公正証書に編綴されていた場合において、その資料の内容が実際のものと異なっていたとき。

　　例えば、保証意思宣明公正証書の本文には引用していないが、消費貸借契約書又は保証契約書の案が附属書類として編綴されていた場合に、それらの資料の内容が実際のものと異なっていたときなどがこれに当たる（注）。

　　このような食い違いが、当該保証契約の効力に影響を及ぼすのかが問題となり得るが、新法は、保証人の責任の範囲を定めるために重要な事項であり、保証契約を特定するために必要な事項として、口授事項を法定し、その余の事項については、記載することを要しないとしているのであるから、そのように記載する必要のない事項についての記載に何らかの誤りがあったとしても、その記載の誤りのみを理由として、当該保証契約自体の効力が否定されることはないと解される。

　　ただし、訴訟において保証契約の効力について争いになり、そのような誤りがあることに起因して、当該保証意思宣明公正証書は当該保証契約とは別の保証契約を締結するために作成されたものである（当該保証意思宣明公正証書で確認された保証意思と当該保証契約には同一性がない）とか、真に保証意思はなかったなどと認定され、保証契約の効力が否定されることはあり得るから、注意を要する。

　　（注）　新法第465条の10の契約締結時の情報提供義務に基づいて主債務者の貸借対照表等が提出され、それが保証意思宣明公正証書の附属書類として綴られていたが、その内容が実際のものと異なっていた場合については、当該情報提供義務違反に関する検討が必要になる。

162　第2部　Question & Answer

🔟 保証契約等の変更と保証意思宣明公正証書

Q81

　保証意思宣明公正証書が作成され、保証契約が有効に成立した後に、主債務の内容を変更しようとする際に、保証意思宣明公正証書を改めて作成しなければならないのは、具体的に、どのような場合か。

A

　債権者と債務者との間で目的又は態様を加重するように主債務の内容を変更し、その効力を保証人にも及ぼすには、保証人の同意を得なければならないが（新法第448条第2項参照）、このような場合に、その変更の対象が保証意思宣明公正証書の法定の口授事項であれば、保証意思宣明公正証書を改めて作成しなければならない。

　例えば、元本が1000万円であり、弁済期が令和7年（2025年）3月31日、利息が年4パーセントである消費貸借契約が成立し、これについて保証意思宣明公正証書が作成され、当該貸金債務を保証する保証契約（根保証契約を除く）が有効に成立したとする。この後に、債権者が元本を1200万円にするとか、利息を年6パーセントに引き上げるなどの変更を消費貸借契約について行い、その変更の効力を保証人にも及ぼすには、事前に保証人の同意を得るほか、保証意思宣明公正証書を改めて作成しなければならない。

　他方で、保証契約の締結後に主債務の目的又は態様が軽減された場合には、保証人の同意の有無にかかわらず、その変更の効力が保証人に及ぶが、この場合には、保証意思宣明公正証書を改めて作成する必要はないものと解される。

　例えば、元本が1000万円であり、弁済期が令和7年（2025年）3月31日、

利息が年4パーセントである消費貸借契約が成立し、保証意思宣明公正証書が作成され、当該貸金債務を保証する保証契約（根保証契約を除く）が有効に成立した後に、債権者が元本のうち200万円については免除するとか、利息を年2パーセントにするといった変更を消費貸借契約について行う場合には、保証人の同意は不要であり、保証意思宣明公正証書を改めて作成する必要もない。

また、保証契約の締結後に主債務の内容が変更され、主債務の目的又は態様が保証契約の締結後に加重された場合において、新法第448条第2項の定める原則のとおりその変更の効力を保証人に及ぼさないときには、保証意思宣明公正証書を改めて作成する必要はない。

例えば、元本が1000万円であり、弁済期が令和7年（2025年）3月31日、利息が年4パーセントである消費貸借契約が成立し、保証意思宣明公正証書が作成され、当該貸金債務を保証する保証契約（根保証契約を除く）が有効に成立した後に、債権者が元本1200万円にするとか、利息を年6パーセントに引き上げるなどの変更を消費貸借契約について行っても、その変更の効力を保証人にも及ぼさないのであれば、保証意思宣明公正証書を改めて作成する必要はない。

さらに、債権者と債務者との間で主債務の内容を変更しても、その変更の対象が保証意思宣明公正証書の口授事項でなければ、基本的に保証意思宣明公正証書の作成は不要である。

例えば、元本が1000万円であり、弁済期が令和7年（2025年）3月31日、利息が年4パーセントである消費貸借契約が成立し、保証意思宣明公正証書が作成され、当該貸金債務を保証する保証契約（根保証契約を除く）が有効に成立した後に、弁済期を令和6年（2024年）3月31日に縮めるとか、逆にこれを令和8年（2026年）3月31日に伸ばすなどの変更を消費貸借契約について行う場合には、保証意思宣明公正証書を改めて作成する必要はない。

なお、事業のために負担した貸金等債務を主債務の範囲に含む根保証契約においては、個々の主債務の元本や利息については保証意思宣明公正証書の

164　第2部　Question & Answer

法定の口授事項ではないので、これらについて変更があっても、保証意思宣明公正証書を改めて作成する必要はない。

Q82

　保証意思宣明公正証書が作成され、保証契約が有効に成立した後に、保証の内容を変更する場合に、保証意思宣明公正証書を改めて作成しなければならないのは、具体的に、どのような場合か。

A

　債権者と保証人の間で保証の内容を変更する場合には、その変更の対象が保証意思宣明公正証書の法定の口授事項であるときには、公証人によって保証人の保証意思を改めて確認する必要があるので、原則として保証意思宣明公正証書を改めて作成しなければならない。

　例えば、極度額を1000万円とする根保証契約が成立した後に、極度額を1200万円に変更する場合には、保証意思宣明公正証書を改めて作成しなければならない。元本確定期間を１年とする定めがある保証契約が成立した後に、元本確定期間を２年に変更する場合も、同様である。

　他方で、債権者と保証人の間で保証の内容を変更しても、その変更の対象が保証意思宣明公正証書の法定の口授事項でないときには、公証人によって保証人の保証意思を改めて確認する必要がないので、保証意思宣明公正証書を改めて作成する必要はない。

　例えば、根保証契約において元本確定事由の定めは保証意思宣明公正証書の法定の口授事項ではないが（新法第465条の６第２項第１号ロ参照）、元本確定事由の定めがある根保証契約が成立した後に、元本確定事由を減らすなどの変更をする場合には、保証人の同意自体は必要ではあるが、保証意思宣明公正証書を改めて作成する必要はない。

　また、保証契約の変更が、保証意思宣明公正証書の法定の口授事項を変更するものであっても、極度額の減額など保証人にとって有利なものであり、保証人の同意が実質的に問題とならず、債権者の意思表示があれば認められ

166　第2部　Question & Answer

得るものについては、保証人の意思確認は問題とならないといい得ることから、保証意思宣明公正証書の作成は不要である。

　例えば、極度額を1000万円とする根保証契約が成立した後に、極度額を500万円に変更する場合には、保証意思宣明公正証書を改めて作成する必要はない。元本確定期間を2年とする定めがある根保証契約が成立した後に、元本確定期間を1年に変更する場合も、同様である。

Q83

　保証意思宣明公正証書を適式に作成して有効に成立した根保証契約について、いわゆる「更新」をする際にも、保証意思宣明公正証書を作成しなければならないのか。

A

　保証意思宣明公正証書の作成を要する、事業のために負担した貸金等債務を主債務の範囲に含む根保証契約についていわゆる「更新」をする場合の態様としては、元本確定期日を変更して延長する方法が考えられる。また、実務上は、債権者と債務者との間の基本契約が締結され、その基本契約を基礎として生ずる債務を包括的に保証する根保証契約が締結された場合に、その基本契約の期間が合意によって延長され、債権者と保証人との合意によりその延長された基本契約を基礎として生ずる債務も主債務の範囲に含めることとするなど、主債務の範囲を拡張する方法も、「更新」の名目で行われることがある。

　このような保証契約の更新は、保証意思宣明公正証書の法定の口授事項につき合意により変更することに該当すると考えられ、保証人の保証意思を改めて確認する必要があることから、保証意思宣明公正証書を改めて作成しなければならない。

第4 経過措置等

Q84

新法の施行日前に締結された保証契約にも、保証に関する新法の規定は、適用がされるのか。新法の施行日前に締結された保証契約が新法の施行日以後に「更新」された場合には、どうか。

A

新法の施行日前に締結された保証契約には、保証に関する新法の規定は適用されない（改正法附則第21条第1項）。

また、新法の施行日前に締結された保証契約が新法の施行日以後の当事者間の合意によって「更新」された場合には、新法の施行日以後に新たに保証契約を締結した場合と区別する理由はないから、新法の施行日前に締結された保証契約が新法の施行日以後の合意により「更新」された場合には、保証に関する新法の規定が適用される（注1）（注2）。

（注1） 例えば、新法の施行日前に、契約期間を令和3年（2021年）3月31日までとする基本契約に基づき主債務者が事業のために負うこととなる債務につき、保証契約が締結されたという事案で、当該保証契約において、当該基本契約の契約期間が延長された場合に、一定の期間内に保証人が特段の異議を述べなければ、当初の保証契約が「更新」され、延長された基本契約に基づく債務についても保証人が保証をすることになるとの条項が設けられていることがあり得る。この場合には、異議を述べないという不作為があることをもって、更新の合意があるものと評価することができると考えられるが、異議を述べなかったという不作為の終期、すなわち、異議期間の終了日が新法の施行日以後である場合には、新法の施行日以後の合意によって更新があった場合と同様に、新法が適用されると考えられる。

他方で、例えば、契約期間を令和3年（2021年）3月31日までとする

Q84　169

基本契約に基づき主債務者が事業のために負担することとなる債務につき、新法の施行日前に保証契約が締結されたという事案で、当該保証契約において、当該基本契約の契約期間が延長されれば保証契約は当然に「更新」されるとの条項があり、延長された基本契約に基づく債務についても保証人が保証することとされていることがあり得る。このケースについては、債権者と保証人との間で改めて合意がされているものではなく、結局、「更新」との表現が使われているものの、当初の保証契約において、延長された期間に発生した基本契約に基づく債務についても保証の範囲としていたものに過ぎないといえる。そのため、このような場合には、新法の施行日以後に基本契約が延長されても、保証契約自体には何ら変更がないものとみることができるから、このケースについては、保証契約に保証に関する新法の規定が適用されるものではないものと解される。

（注2）　保証契約の「更新」と主債務の発生原因である基本契約の「更新」とは別個の概念であるため注意を要する。主債務の発生原因である基本契約が新法の施行日以後に合意によって更新されても、新法の施行日以後に保証契約が合意によって更新されない限り、当該保証契約には保証に関する新法の規定は適用されない（**Q85**参照）。

Q85

新法の施行日前に賃貸借契約が締結され、かつ、当該賃貸借契約によって賃借人が負う一切の債務を保証する保証契約が締結されている場合において、新法の施行日以後に当該賃貸借契約が更新されたときに、当該保証契約には極度額に関する規律等の新法の規定（新法第465条の2等）が適用されるのか。

A

例えば、新法の施行日前に賃貸期間を令和3年（2021年）3月31日までとする賃貸借契約が締結され、かつ、当該賃貸借契約によって賃借人が負う一切の債務を保証する保証契約が締結されている場合において、新法の施行日以後に賃貸期間を令和5年（2023年）3月31日までとする賃貸借契約の更新がされたときに、保証契約に、極度額に関する規律等の新法の規定（新法第465条の2等）が適用されるかが問題となる。

保証に関する規定の改正については、保証契約の締結時（又は合意による更新時）を基準として新法が適用されるか否かが定まるのであり、主債務の発生原因である契約の締結時（又は合意による更新時）を基準とするものではない。

そして、一般に、賃貸借に伴って締結される保証契約は、賃貸借契約が合意更新された場合を含めてその賃貸借契約から生ずる賃借人の債務を保証することを目的とするものであり、その保証契約は更新後の賃貸借契約によって生ずる債務も保証すると解されており（最判平成9年11月13日集民186号105頁参照）、賃貸借契約の更新時に新たな保証契約が締結されたり、合意によって保証契約が更新されたりするものではない。

したがって、前記のケースについては、保証契約に、極度額に関する規律等の新法の規定は適用されない。

ただし、新法の施行日以後に、賃貸借契約の合意更新と併せて保証契約が新たに締結されたり、又は合意によって保証契約も更新されたりした場合には、この保証については、保証に関する新法の規定が適用されることになることはいうまでもない。

Q86

新法の施行日前に、事業のために負担した貸金等債務を保証する保証契約が締結された場合において、新法の施行日以後に主債務又は保証契約の内容を変更する際に、保証意思宣明公正証書を改めて作成しなければならないのは、どのような場合か。

A

新法の施行日前に、事業のために負担した貸金等債務を保証する保証契約が締結された場合において、新法の施行日以後に主債務の内容や保証契約の内容を変更する際に、保証意思宣明公正証書を改めて作成しなければならないかどうかは、保証意思宣明公正証書が作成され、保証契約が有効に成立した後に、主債務又は保証契約の内容を変更する際に、保証意思宣明公正証書を改めて作成しなければならないかどうか（**Q81・Q82**参照）と同様に考えることになる。具体的には、次のとおりである。

1 主債務の変更

新法の施行日以後に債権者と債務者との間で目的又は態様を加重するように主債務の内容を変更し、その効力を保証人にも及ぼすには、保証人の同意を得なければならないが（新法第448条第2項参照）、このような場合に、その変更の対象が保証意思宣明公正証書の法定の口授事項であれば、新法第465条の6に基づいて保証意思宣明公正証書を作成しなければならない。

他方で、新法の施行日以後に主債務の目的又は態様が軽減された場合には、保証人の同意の有無にかかわらず、その変更の効力が保証人に及ぶが、この場合には、保証意思宣明公正証書を作成する必要はない。

また、新法の施行日以後に主債務の内容が変更され、主債務の目的又は態様が保証契約の締結後に加重された場合において、新法第448条第2項の定める原則のとおりその変更の効力を保証人に及ぼさないときには、保証意思

宣明公正証書を作成する必要はない。

さらに、債権者と債務者との間で主債務の内容を変更しても、その変更の対象が保証意思宣明公正証書の法定の口授事項でなければ、基本的に保証意思宣明公正証書の作成は不要である。

なお、事業のために負担した貸金等債務を主債務の範囲に含む根保証契約においては、個々の主債務の元本や利息については保証意思宣明公正証書の法定の口授事項ではないので、これらについて新法の施行日以後に変更があっても、保証意思宣明公正証書を作成する必要はない。

2 保証契約の変更

新法の施行日以後に債権者と保証人の間で保証の内容を変更する場合には、その変更の対象が保証意思宣明公正証書の法定の口授事項であるときには、公証人によって保証人の保証意思を確認する必要があるので、原則として新法第465条の6に基づいて保証意思宣明公正証書を作成しなければならない。

他方で、債権者と保証人の間で保証の内容を変更しても、その変更の対象が保証意思宣明公正証書の法定の口授事項でないときには、公証人によって保証人の保証意思を確認する必要がないので、保証意思宣明公正証書を作成する必要はない。

また、保証契約の変更が、保証意思宣明公正証書の法定の口授事項を変更するものであっても、極度額の減額など保証人にとって有利なものであり、保証人の同意が実質的に問題とならず、債権者の意思表示があれば認められ得るものについては、保証人の意思確認は問題とならないので、保証意思宣明公正証書の作成は不要である。

Q87

　事業のために負担した貸金等債務を保証する保証契約等が新法の施行日前に締結された場合において、新法の施行日以後に当該保証契約を合意により更新する際に、保証意思宣明公正証書を作成しなければならないのか。

A

　事業のために負担した貸金等債務を保証する保証契約等が新法の施行日前に締結された場合において、新法の施行日以後に当該保証契約を合意により更新する際に、保証意思宣明公正証書を作成しなければならないかは、保証意思宣明公正証書が作成され、保証契約が有効に成立した後に、当該保証契約を合意により更新する際に、保証意思宣明公正証書を改めて作成しなければならない場合（Q83参照）と同様に考えることになる。

　すなわち、保証意思宣明公正証書の作成を要する事業のために負担した貸金等債務を保証する保証契約等の更新としては、元本確定期日を変更して延長する方法や、主債務の範囲を拡張する方法等があり得るが、このような保証契約の更新は、保証意思宣明公正証書の法定の口授事項につき、合意により変更をするものであり、これを新法の施行日以後に行う際には、公証人によって保証人の保証意思を改めて確認する必要があるので、新法第465条の6に基づいて保証意思宣明公正証書を作成しなければならない。

第3部

資　料

■ 資料1　民法新旧対照条文（抜粋）

（下線部は改正部分）

新　　法	旧　　法
第3節　多数当事者の債権及び債務 　**第2款　不可分債権及び不可分債務** 　　<u>（不可分債権）</u> **第428条**　<u>次款（連帯債権）の規定（第433条及び第435条の規定を除く。）は、債権の目的がその性質上不可分である場合において、数人の債権者があるときについて準用する。</u> 　　<u>（不可分債権者の一人との間の更改又は免除）</u> **第429条**　不可分債権者の一人と債務者との間に更改又は免除があった場合においても、他の不可分債権者は、債務の全部の履行を請求することができる。この場合においては、その一人の不可分債権者がその権利を失わなければ<u>分与されるべき利益</u>を債務者に償還しなければならない。 （削る） 　　<u>（不可分債務）</u> **第430条**　<u>第4款（連帯債務）の規定（第440条の規定を除く。）は、債務の目的がその性質上不可分である場合において、数人の債務者があるときについて準用する。</u> 　**第3款　連帯債権** 　　<u>（連帯債権者による履行の請求等）</u> **第432条**　<u>債権の目的がその性質上可分である場合において、法令の規定又は当事者の意思表示によって数人が連帯して債権を有するときは、各債権者は、全ての債権者のために全部又は一部の履行を請</u>	**第3節　（同左）** 　**第2款　（同左）** 　　（不可分債権） **第428条**　債権の目的がその性質上又は当事者の意思表示によって不可分である場合において、数人の債権者があるときは、各債権者はすべての債権者のために履行を請求し、債務者はすべての債権者のために各債権者に対して履行をすることができる。 　　（不可分債権者の一人について生じた事由等の効力） **第429条**　不可分債権者の一人と債務者との間に更改又は免除があった場合においても、他の不可分債権者は、債務の全部の履行を請求することができる。この場合においては、その一人の不可分債権者がその権利を失わなければ<u>分与される</u>利益を債務者に償還しなければならない。 <u>2　前項に規定する場合のほか、不可分債権者の一人の行為又は一人について生じた事由は、他の不可分債権者に対してその効力を生じない。</u> 　　（不可分債務） **第430条**　前条の規定及び次款（連帯債務）の規定（第434条から第440条までの規定を除く。）は、数人が不可分債務を負担する場合について準用する。 （新設） （新設）

178　第3部　資　　料

求することができ、債務者は、全ての債
権者のために各債権者に対して履行をす
ることができる。

**（連帯債権者の一人との間の更改又は免
除）**

第433条　連帯債権者の一人と債務者との
間に更改又は免除があったときは、その
連帯債権者がその権利を失わなければ分
与されるべき利益に係る部分について
は、他の連帯債権者は、履行を請求する
ことができない。

（連帯債権者の一人との間の相殺）

第434条　債務者が連帯債権者の一人に対
して債権を有する場合において、その債
務者が相殺を援用したときは、その相殺
は、他の連帯債権者に対しても、その効
力を生ずる。

（連帯債権者の一人との間の混同）

第435条　連帯債権者の一人と債務者との
間に混同があったときは、債務者は、弁
済をしたものとみなす。

（相対的効力の原則）

第435条の2　第432条から前条までに規定
する場合を除き、連帯債権者の一人の行
為又は一人について生じた事由は、他の
連帯債権者に対してその効力を生じな
い。ただし、他の連帯債権者の一人及び
債務者が別段の意思を表示したときは、
当該他の連帯債権者に対する効力は、そ
の意思に従う。

第4款　連帯債務 **（連帯債務者に対する履行の請求）** 第436条　債務の目的がその性質上可分で ある場合において、法令の規定又は当事 者の意思表示によって数人が連帯して債 務を負担するときは、債権者は、その連 帯債務者の一人に対し、又は同時に若し くは順次に全ての連帯債務者に対し、全 部又は一部の履行を請求することができ る。	**第3款　連帯債務** **（履行の請求）** 第432条　数人が連帯債務を負担するとき は、債権者は、その連帯債務者の一人に 対し、又は同時に若しくは順次にすべて の連帯債務者に対し、全部又は一部の履 行を請求することができる。

（新設）

（新設）

（新設）

（新設）

資料1　民法新旧対照条文（抜粋）　179

（連帯債務者の一人についての法律行為の無効等）

第437条　連帯債務者の一人について法律行為の無効又は取消しの原因があっても、他の連帯債務者の債務は、その効力を妨げられない。

（削る）

（連帯債務者の一人との間の更改）

第438条　連帯債務者の一人と債権者との間に更改があったときは、債権は、全ての連帯債務者の利益のために消滅する。

（連帯債務者の一人による相殺等）

第439条　連帯債務者の一人が債権者に対して債権を有する場合において、その連帯債務者が相殺を援用したときは、債権は、全ての連帯債務者の利益のために消滅する。

2　前項の債権を有する連帯債務者が相殺を援用しない間は、その連帯債務者の負担部分の限度において、他の連帯債務者は、債権者に対して債務の履行を拒むことができる。

（削る）

（連帯債務者の一人との間の混同）

第440条　連帯債務者の一人と債権者との間に混同があったときは、その連帯債務者は、弁済をしたものとみなす。

（削る）

（連帯債務者の一人についての法律行為の無効等）

第433条　（同左）

（連帯債務者の一人に対する履行の請求）

第434条　連帯債務者の一人に対する履行の請求は、他の連帯債務者に対しても、その効力を生ずる。

（連帯債務者の一人との間の更改）

第435条　連帯債務者の一人と債権者との間に更改があったときは、債権は、すべての連帯債務者の利益のために消滅する。

（連帯債務者の一人による相殺等）

第436条　連帯債務者の一人が債権者に対して債権を有する場合において、その連帯債務者が相殺を援用したときは、債権は、すべての連帯債務者の利益のために消滅する。

2　前項の債権を有する連帯債務者が相殺を援用しない間は、その連帯債務者の負担部分についてのみ他の連帯債務者が相殺を援用することができる。

（連帯債務者の一人に対する免除）

第437条　連帯債務者の一人に対してした債務の免除は、その連帯債務者の負担部分についてのみ、他の連帯債務者の利益のためにも、その効力を生ずる。

（連帯債務者の一人との間の混同）

第438条　（同左）

（連帯債務者の一人についての時効の完成）

第439条　連帯債務者の一人のために時効が完成したときは、その連帯債務者の負担部分については、他の連帯債務者も、その義務を免れる。

（相対的効力の原則）

第441条　第438条、第439条第1項及び前条に規定する場合を除き、連帯債務者の一人について生じた事由は、他の連帯債務者に対してその効力を生じない。ただし、債権者及び他の連帯債務者の一人が別段の意思を表示したときは、当該他の連帯債務者に対する効力は、その意思に従う。

（削る）

（連帯債務者間の求償権）

第442条　連帯債務者の一人が弁済をし、その他自己の財産をもって共同の免責を得たときは、その連帯債務者は、その免責を得た額が自己の負担部分を超えるかどうかにかかわらず、他の連帯債務者に対し、その免責を得るために支出した財産の額（その財産の額が共同の免責を得た額を超える場合にあっては、その免責を得た額）のうち各自の負担部分に応じた額の求償権を有する。

2　前項の規定による求償は、弁済その他免責があった日以後の法定利息及び避けることができなかった費用その他の損害の賠償を包含する。

（通知を怠った連帯債務者の求償の制限）

第443条　他の連帯債務者があることを知りながら、連帯債務者の一人が共同の免責を得ることを他の連帯債務者に通知しないで弁済をし、その他自己の財産をもって共同の免責を得た場合において、他の連帯債務者は、債権者に対抗することができる事由を有していたときは、その負担部分について、その事由をもってその免責を得た連帯債務者に対抗することができる。この場合において、相殺を

（相対的効力の原則）

第440条　第434条から前条までに規定する場合を除き、連帯債務者の一人について生じた事由は、他の連帯債務者に対してその効力を生じない。

（連帯債務者についての破産手続の開始）

第441条　連帯債務者の全員又はそのうちの数人が破産手続開始の決定を受けたときは、債権者は、その債権の全額について各破産財団の配当に加入することができる。

（連帯債務者間の求償権）

第442条　連帯債務者の一人が弁済をし、その他自己の財産をもって共同の免責を得たときは、その連帯債務者は、他の連帯債務者に対し、各自の負担部分について求償権を有する。

2　（同左）

（通知を怠った連帯債務者の求償の制限）

第443条　連帯債務者の一人が債権者から履行の請求を受けたことを他の連帯債務者に通知しないで弁済をし、その他自己の財産をもって共同の免責を得た場合において、他の連帯債務者は、債権者に対抗することができる事由を有していたときは、その負担部分について、その事由をもってその免責を得た連帯債務者に対抗することができる。この場合において、相殺をもってその免責を得た連帯債

資料1　民法新旧対照条文（抜粋）　181

もってその免責を得た連帯債務者に対抗
したときは、その連帯債務者は、債権者
に対し、相殺によって消滅すべきであっ
た債務の履行を請求することができる。
2 弁済をし、その他自己の財産をもって
共同の免責を得た連帯債務者が、他の連
帯債務者があることを知りながらその免
責を得たことを他の連帯債務者に通知す
ることを怠ったため、他の連帯債務者が
善意で弁済その他自己の財産をもって免
責を得るための行為をしたときは、当該
他の連帯債務者は、その免責を得るため
の行為を有効であったものとみなすこと
ができる。

**（償還をする資力のない者の負担部分の
分担）**

第444条 連帯債務者の中に償還をする資
力のない者があるときは、その償還をす
ることができない部分は、求償者及び他
の資力のある者の間で、各自の負担部分
に応じて分割して負担する。

2 前項に規定する場合において、求償者
及び他の資力のある者がいずれも負担部
分を有しない者であるときは、その償還
をすることができない部分は、求償者及
び他の資力のある者の間で、等しい割合
で分割して負担する。
3 前二項の規定にかかわらず、償還を受
けることができないことについて求償者
に過失があるときは、他の連帯債務者に
対して分担を請求することができない。

**（連帯債務者の一人との間の免除等と求
償権）**

第445条 連帯債務者の一人に対して債務
の免除がされ、又は連帯債務者の一人の
ために時効が完成した場合においても、
他の連帯債務者は、その一人の連帯債務
者に対し、第442条第1項の求償権を行

務者に対抗したときは、過失のある連帯
債務者は、債権者に対し、相殺によって
消滅すべきであった債務の履行を請求す
ることができる。
2 連帯債務者の一人が弁済をし、その他
自己の財産をもって共同の免責を得たこ
とを他の連帯債務者に通知することを
怠ったため、他の連帯債務者が善意で弁
済をし、その他有償の行為をもって免責
を得たときは、その免責を得た連帯債務
者は、自己の弁済その他免責のためにし
た行為を有効であったものとみなすこと
ができる。

**（償還をする資力のない者の負担部分の
分担）**

第444条 連帯債務者の中に償還をする資
力のない者があるときは、その償還をす
ることができない部分は、求償者及び他
の資力のある者の間で、各自の負担部分
に応じて分割して負担する。ただし、求
償者に過失があるときは、他の連帯債務
者に対して分担を請求することができな
い。

（新設）

（新設）

**（連帯の免除と弁済をする資力のない者
の負担部分の分担）**

第445条 連帯債務者の一人が連帯の免除
を得た場合において、他の連帯債務者の
中に弁済をする資力のない者があるとき
は、債権者は、その資力のない者が弁済
をすることができない部分のうち連帯の

使することができる。

第5款　保証債務
　　第1目　総　　則
（保証人の責任等）
第446条　保証人は、主たる債務者がその
　債務を履行しないときに、その履行をす
　る責任を負う。
2　保証契約は、書面でしなければ、その
　効力を生じない。
3　保証契約がその内容を記録した電磁的
　記録によってされたときは、その保証契
　約は、書面によってされたものとみなし
　て、前項の規定を適用する。

（保証人の負担と主たる債務の目的又は
態様）
第448条　保証人の負担が債務の目的又は
　態様において主たる債務より重いとき
　は、これを主たる債務の限度に減縮す
　る。
2　主たる債務の目的又は態様が保証契約
　の締結後に加重されたときであっても、
　保証人の負担は加重されない。
（主たる債務者について生じた事由の効
力）
第457条　主たる債務者に対する履行の請
　求その他の事由による時効の完成猶予及
　び更新は、保証人に対しても、その効力
　を生ずる。
2　保証人は、主たる債務者が主張するこ
　とができる抗弁をもって債権者に対抗す
　ることができる。
3　主たる債務者が債権者に対して相殺
　権、取消権又は解除権を有するときは、
　これらの権利の行使によって主たる債務
　者がその債務を免れるべき限度におい

免除を得た者が負担すべき部分を負担す
る。

第4款　保証債務
　　第1目　（同左）
（保証人の責任等）
第446条　（同左）

2　（同左）

3　保証契約がその内容を記録した電磁的
　記録（電子的方式、磁気的方式その他人
　の知覚によっては認識することができな
　い方式で作られる記録であって、電子計
　算機による情報処理の用に供されるもの
　をいう。）によってされたときは、その
　保証契約は、書面によってされたものと
　みなして、前項の規定を適用する。
（保証人の負担が主たる債務より重い場
合）
第448条　（同左）

（新設）

（主たる債務者について生じた事由の効
力）
第457条　主たる債務者に対する履行の請
　求その他の事由による時効の中断は、保
　証人に対しても、その効力を生ずる。

2　保証人は、主たる債務者の債権による
　相殺をもって債権者に対抗することがで
　きる。
（新設）

資料1　民法新旧対照条文（抜粋）　183

て、保証人は、債権者に対して債務の履
行を拒むことができる。

（連帯保証人について生じた事由の効力）

第458条　第438条、第439条第1項、第440
条及び第441条の規定は、主たる債務者
と連帯して債務を負担する保証人につい
て生じた事由について準用する。

（主たる債務の履行状況に関する情報の
提供義務）

第458条の2　保証人が主たる債務者の委
託を受けて保証をした場合において、保
証人の請求があったときは、債権者は、
保証人に対し、遅滞なく、主たる債務の
元本及び主たる債務に関する利息、違約
金、損害賠償その他その債務に従たる全
てのものについての不履行の有無並びに
これらの残額及びそのうち弁済期が到来
しているものの額に関する情報を提供し
なければならない。

（主たる債務者が期限の利益を喪失した
場合における情報の提供義務）

第458条の3　主たる債務者が期限の利益
を有する場合において、その利益を喪失
したときは、債権者は、保証人に対し、
その利益の喪失を知った時から2箇月以
内に、その旨を通知しなければならな
い。

2　前項の期間内に同項の通知をしなかっ
たときは、債権者は、保証人に対し、主
たる債務者が期限の利益を喪失した時か
ら同項の通知を現にするまでに生じた遅
延損害金（期限の利益を喪失しなかった
としても生ずべきものを除く。）に係る
保証債務の履行を請求することができな
い。

3　前二項の規定は、保証人が法人である
場合には、適用しない。

（委託を受けた保証人の求償権）

第459条　保証人が主たる債務者の委託を
受けて保証をした場合において、主たる
債務者に代わって弁済その他自己の財産

（連帯保証人について生じた事由の効力）

第458条　第434条から第440条までの規定
は、主たる債務者が保証人と連帯して債
務を負担する場合について準用する。

（新設）

（新設）

（委託を受けた保証人の求償権）

第459条　保証人が主たる債務者の委託を
受けて保証をした場合において、過失な
く債権者に弁済をすべき旨の裁判の言渡

をもって債務を消滅させる行為（以下「債務の消滅行為」という。）をしたときは、その保証人は、主たる債務者に対し、そのために支出した財産の額（その財産の額がその債務の消滅行為によって消滅した主たる債務の額を超える場合にあっては、その消滅した額）の求償権を有する。

2　第442条第2項の規定は、前項の場合について準用する。

（委託を受けた保証人が弁済期前に弁済等をした場合の求償権）

第459条の2　保証人が主たる債務者の委託を受けて保証をした場合において、主たる債務の弁済期前に債務の消滅行為をしたときは、その保証人は、主たる債務者に対し、主たる債務者がその当時利益を受けた限度において求償権を有する。この場合において、主たる債務者が債務の消滅行為の日以前に相殺の原因を有していたことを主張するときは、保証人は、債権者に対し、その相殺によって消滅すべきであった債務の履行を請求することができる。

2　前項の規定による求償は、主たる債務の弁済期以後の法定利息及びその弁済期以後に債務の消滅行為をしたとしても避けることができなかった費用その他の損害の賠償を包含する。

3　第1項の求償権は、主たる債務の弁済期以後でなければ、これを行使することができない。

（委託を受けた保証人の事前の求償権）

第460条　保証人は、主たる債務者の委託を受けて保証をした場合において、次に掲げるときは、主たる債務者に対して、あらかじめ、求償権を行使することができる。

一　主たる債務者が破産手続開始の決定を受け、かつ、債権者がその破産財団の配当に加入しないとき。

しを受け、又は主たる債務者に代わって弁済をし、その他自己の財産をもって債務を消滅させるべき行為をしたときは、その保証人は、主たる債務者に対して求償権を有する。

2　（同左）

（新設）

（委託を受けた保証人の事前の求償権）

第460条　（同左）

一　（同左）

資料1　民法新旧対照条文（抜粋）　185

二 債務が弁済期にあるとき。ただし、保証契約の後に債権者が主たる債務者に許与した期限は、保証人に対抗することができない。

三 保証人が過失なく債権者に弁済をすべき旨の裁判の言渡しを受けたとき。

二 （同左）

三 債務の弁済期が不確定で、かつ、その最長期をも確定することができない場合において、保証契約の後10年を経過したとき。

（主たる債務者が保証人に対して償還をする場合）

第461条 前条の規定により主たる債務者が保証人に対して償還をする場合において、債権者が全部の弁済を受けない間は、主たる債務者は、保証人に担保を供させ、又は保証人に対して自己に免責を得させることを請求することができる。

2 前項に規定する場合において、主たる債務者は、供託をし、担保を供し、又は保証人に免責を得させて、その償還の義務を免れることができる。

（主たる債務者が保証人に対して償還をする場合）

第461条 前二条の規定により主たる債務者が保証人に対して償還をする場合において、債権者が全部の弁済を受けない間は、主たる債務者は、保証人に担保を供させ、又は保証人に対して自己に免責を得させることを請求することができる。

2 （同左）

（委託を受けない保証人の求償権）

第462条 第459条の2第1項の規定は、主たる債務者の委託を受けないで保証をした者が債務の消滅行為をした場合について準用する。

（委託を受けない保証人の求償権）

第462条 主たる債務者の委託を受けないで保証をした者が弁済をし、その他自己の財産をもって主たる債務者にその債務を免れさせたときは、主たる債務者は、その当時利益を受けた限度において償還をしなければならない。

2 主たる債務者の意思に反して保証をした者は、主たる債務者が現に利益を受けている限度においてのみ求償権を有する。この場合において、主たる債務者が求償の日以前に相殺の原因を有していたことを主張するときは、保証人は、債権者に対し、その相殺によって消滅すべきであった債務の履行を請求することができる。

2 （同左）

3 第459条の2第3項の規定は、前二項に規定する保証人が主たる債務の弁済期前に債務の消滅行為をした場合における求償権の行使について準用する。

（新設）

（通知を怠った保証人の求償の制限等）

（通知を怠った保証人の求償の制限）

186 第3部 資　料

第463条　保証人が主たる債務者の委託を受けて保証をした場合において、主たる債務者にあらかじめ通知しないで債務の消滅行為をしたときは、主たる債務者は、債権者に対抗することができた事由をもってその保証人に対抗することができる。この場合において、相殺をもってその保証人に対抗したときは、その保証人は、債権者に対し、相殺によって消滅すべきであった債務の履行を請求することができる。

2　保証人が主たる債務者の委託を受けて保証をした場合において、主たる債務者が債務の消滅行為をしたことを保証人に通知することを怠ったため、その保証人が善意で債務の消滅行為をしたときは、その保証人は、その債務の消滅行為を有効であったものとみなすことができる。

3　保証人が債務の消滅行為をした後に主たる債務者が債務の消滅行為をした場合においては、保証人が主たる債務者の意思に反して保証をしたときのほか、保証人が債務の消滅行為をしたことを主たる債務者に通知することを怠ったため、主たる債務者が善意で債務の消滅行為をしたときも、主たる債務者は、その債務の消滅行為を有効であったものとみなすことができる。

第2目　個人根保証契約
（個人根保証契約の保証人の責任等）

第465条の2　一定の範囲に属する不特定の債務を主たる債務とする保証契約（以下「根保証契約」という。）であって保証人が法人でないもの（以下「個人根保証契約」という。）の保証人は、主たる債務の元本、主たる債務に関する利息、違約金、損害賠償その他その債務に従たる全てのもの及びその保証債務について約定された違約金又は損害賠償の額について、その全部に係る極度額を限度とし

第463条　第443条の規定は、保証人について準用する。

2　保証人が主たる債務者の委託を受けて保証をした場合において、善意で弁済をし、その他自己の財産をもって債務を消滅させるべき行為をしたときは、第443条の規定は、主たる債務者についても準用する。

第2目　貸金等根保証契約
（貸金等根保証契約の保証人の責任等）

第465条の2　一定の範囲に属する不特定の債務を主たる債務とする保証契約（以下「根保証契約」という。）であってその債務の範囲に金銭の貸渡し又は手形の割引を受けることによって負担する債務（以下「貸金等債務」という。）が含まれるもの（保証人が法人であるものを除く。以下「貸金等根保証契約」という。）の保証人は、主たる債務の元本、主たる債務に関する利息、違約金、損害賠償そ

資料1　民法新旧対照条文（抜粋）　187

て、その履行をする責任を負う。

2　個人根保証契約は、前項に規定する極度額を定めなければ、その効力を生じない。

3　第446条第2項及び第3項の規定は、個人根保証契約における第1項に規定する極度額の定めについて準用する。

（個人貸金等根保証契約の元本確定期日）

第465条の3　個人根保証契約であってその主たる債務の範囲に金銭の貸渡し又は手形の割引を受けることによって負担する債務（以下「貸金等債務」という。）が含まれるもの（以下「個人貸金等根保証契約」という。）において主たる債務の元本の確定すべき期日（以下「元本確定期日」という。）の定めがある場合において、その元本確定期日がその個人貸金等根保証契約の締結の日から5年を経過する日より後の日と定められているときは、その元本確定期日の定めは、その効力を生じない。

2　個人貸金等根保証契約において元本確定期日の定めがない場合（前項の規定により元本確定期日の定めがその効力を生じない場合を含む。）には、その元本確定期日は、その個人貸金等根保証契約の締結の日から3年を経過する日とする。

3　個人貸金等根保証契約における元本確定期日の変更をする場合において、変更後の元本確定期日がその変更をした日から5年を経過する日より後の日となるときは、その元本確定期日の変更は、その効力を生じない。ただし、元本確定期日の前2箇月以内に元本確定期日の変更をする場合において、変更後の元本確定期日が変更前の元本確定期日から5年以内の日となるときは、この限りでない。

の他その債務に従たるすべてのもの及びその保証債務について約定された違約金又は損害賠償の額について、その全部に係る極度額を限度として、その履行をする責任を負う。

2　貸金等根保証契約は、前項に規定する極度額を定めなければ、その効力を生じない。

3　第446条第2項及び第3項の規定は、貸金等根保証契約における第1項に規定する極度額の定めについて準用する。

（貸金等根保証契約の元本確定期日）

第465条の3　貸金等根保証契約において主たる債務の元本の確定すべき期日（以下「元本確定期日」という。）の定めがある場合において、その元本確定期日がその貸金等根保証契約の締結の日から5年を経過する日より後の日と定められているときは、その元本確定期日の定めは、その効力を生じない。

2　貸金等根保証契約において元本確定期日の定めがない場合（前項の規定により元本確定期日の定めがその効力を生じない場合を含む。）には、その元本確定期日は、その貸金等根保証契約の締結の日から3年を経過する日とする。

3　貸金等根保証契約における元本確定期日の変更をする場合において、変更後の元本確定期日がその変更をした日から5年を経過する日より後の日となるときは、その元本確定期日の変更は、その効力を生じない。ただし、元本確定期日の前2箇月以内に元本確定期日の変更をする場合において、変更後の元本確定期日が変更前の元本確定期日から5年以内の日となるときは、この限りでない。

4　第446条第2項及び第3項の規定は、個人貸金等根保証契約における元本確定期日の定め及びその変更（その個人貸金等根保証契約の締結の日から3年以内の日を元本確定期日とする旨の定め及び元本確定期日より前の日を変更後の元本確定期日とする変更を除く。）について準用する。

（個人根保証契約の元本の確定事由）
第465条の4　次に掲げる場合には、個人根保証契約における主たる債務の元本は、確定する。ただし、第1号に掲げる場合にあっては、強制執行又は担保権の実行の手続の開始があったときに限る。
一　債権者が、保証人の財産について、金銭の支払を目的とする債権についての強制執行又は担保権の実行を申し立てたとき。

二　保証人が破産手続開始の決定を受けたとき。
三　主たる債務者又は保証人が死亡したとき。
2　前項に規定する場合のほか、個人貸金等根保証契約における主たる債務の元本は、次に掲げる場合にも確定する。ただし、第1号に掲げる場合にあっては、強制執行又は担保権の実行の手続の開始があったときに限る。
一　債権者が、主たる債務者の財産について、金銭の支払を目的とする債権についての強制執行又は担保権の実行を申し立てたとき。
二　主たる債務者が破産手続開始の決定を受けたとき。

（保証人が法人である根保証契約の求償権）
第465条の5　保証人が法人である根保証契約において、第465条の2第1項に規定する極度額の定めがないときは、その

4　第446条第2項及び第3項の規定は、貸金等根保証契約における元本確定期日の定め及びその変更（その貸金等根保証契約の締結の日から3年以内の日を元本確定期日とする旨の定め及び元本確定期日より前の日を変更後の元本確定期日とする変更を除く。）について準用する。

（貸金等根保証契約の元本の確定事由）
第465条の4　次に掲げる場合には、貸金等根保証契約における主たる債務の元本は、確定する。

一　債権者が、主たる債務者又は保証人の財産について、金銭の支払を目的とする債権についての強制執行又は担保権の実行を申し立てたとき。ただし、強制執行又は担保権の実行の手続の開始があったときに限る。
二　主たる債務者又は保証人が破産手続開始の決定を受けたとき。
三　（同左）

（新設）

（保証人が法人である貸金等債務の根保証契約の求償権）
第465条の5　保証人が法人である根保証契約であってその主たる債務の範囲に貸金等債務が含まれるものにおいて、第

資料1　民法新旧対照条文（抜粋）　189

根保証契約の保証人の主たる債務者に対する求償権に係る債務を主たる債務とする保証契約は、その効力を生じない。 2　保証人が法人である根保証契約であってその主たる債務の範囲に貸金等債務が含まれるものにおいて、元本確定期日の定めがないとき、又は元本確定期日の定め若しくはその変更が第465条の3第1項若しくは第3項の規定を適用するとすればその効力を生じないものであるときは、その根保証契約の保証人の主たる債務者に対する求償権に係る債務を主たる債務とする保証契約は、その効力を生じない。主たる債務の範囲にその求償権に係る債務が含まれる根保証契約も、同様とする。 3　前二項の規定は、求償権に係る債務を主たる債務とする保証契約又は主たる債務の範囲に求償権に係る債務が含まれる根保証契約の保証人が法人である場合には、適用しない。	465条の2第1項に規定する極度額の定めがないとき、元本確定期日の定めがないとき、又は元本確定期日の定め若しくはその変更が第465条の3第1項若しくは第3項の規定を適用するとすればその効力を生じないものであるときは、その根保証契約の保証人の主たる債務者に対する求償権についての保証契約（保証人が法人であるものを除く。）は、その効力を生じない。
第3目　事業に係る債務についての保証契約の特則	（新設）
（公正証書の作成と保証の効力） **第465条の6**　事業のために負担した貸金等債務を主たる債務とする保証契約又は主たる債務の範囲に事業のために負担する貸金等債務が含まれる根保証契約は、その契約の締結に先立ち、その締結の日前1箇月以内に作成された公正証書で保証人になろうとする者が保証債務を履行する意思を表示していなければ、その効力を生じない。 2　前項の公正証書を作成するには、次に掲げる方式に従わなければならない。 一　保証人になろうとする者が、次のイ又はロに掲げる契約の区分に応じ、それぞれ当該イ又はロに定める事項を公証人に口授すること。 イ　保証契約（ロに掲げるものを除	（新設）

く。）　主たる債務の債権者及び債務
　者、主たる債務の元本、主たる債務
　に関する利息、違約金、損害賠償そ
　の他その債務に従たる全てのものの
　定めの有無及びその内容並びに主た
　る債務者がその債務を履行しないと
　きには、その債務の全額について履
　行する意思（保証人になろうとする
　者が主たる債務者と連帯して債務を
　負担しようとするものである場合に
　は、債権者が主たる債務者に対して
　催告をしたかどうか、主たる債務者
　がその債務を履行することができる
　かどうか、又は他に保証人があるか
　どうかにかかわらず、その全額につ
　いて履行する意思）を有しているこ
　と。

ロ　根保証契約　主たる債務の債権者
　及び債務者、主たる債務の範囲、根
　保証契約における極度額、元本確定
　期日の定めの有無及びその内容並び
　に主たる債務者がその債務を履行し
　ないときには、極度額の限度におい
　て元本確定期日又は第465条の４第
　１項各号若しくは第２項各号に掲げ
　る事由その他の元本を確定すべき事
　由が生ずる時までに生ずべき主たる
　債務の元本及び主たる債務に関する
　利息、違約金、損害賠償その他その
　債務に従たる全てのものの全額につ
　いて履行する意思（保証人になろう
　とする者が主たる債務者と連帯して
　債務を負担しようとするものである
　場合には、債権者が主たる債務者に
　対して催告をしたかどうか、主たる
　債務者がその債務を履行することが
　できるかどうか、又は他に保証人が
　あるかどうかにかかわらず、その全
　額について履行する意思）を有して
　いること。

二　公証人が、保証人になろうとする者

資料１　民法新旧対照条文（抜粋）　191

の口述を筆記し、これを保証人になろ
うとする者に読み聞かせ、又は閲覧さ
せること。

三　保証人になろうとする者が、筆記の
正確なことを承認した後、署名し、印
を押すこと。ただし、保証人になろう
とする者が署名することができない場
合は、公証人がその事由を付記して、
署名に代えることができる。

四　公証人が、その証書は前三号に掲げ
る方式に従って作ったものである旨を
付記して、これに署名し、印を押すこ
と。

3　前二項の規定は、保証人になろうとす
る者が法人である場合には、適用しな
い。

（保証に係る公正証書の方式の特則）

第465条の7　前条第1項の保証契約又は
根保証契約の保証人になろうとする者が
口がきけない者である場合には、公証人
の前で、同条第2項第1号イ又はロに掲
げる契約の区分に応じ、それぞれ当該イ
又はロに定める事項を通訳人の通訳によ
り申述し、又は自書して、同号の口授に
代えなければならない。この場合におけ
る同項第2号の規定の適用については、
同号中「口述」とあるのは、「通訳人の
通訳による申述又は自書」とする。

2　前条第1項の保証契約又は根保証契約
の保証人になろうとする者が耳が聞こえ
ない者である場合には、公証人は、同条
第2項第2号に規定する筆記した内容を
通訳人の通訳により保証人になろうとす
る者に伝えて、同号の読み聞かせに代え
ることができる。

3　公証人は、前二項に定める方式に従っ
て公正証書を作ったときは、その旨をそ
の証書に付記しなければならない。

**（公正証書の作成と求償権についての保
証の効力）**

第465条の8　第465条の6第1項及び第2

（新設）

（新設）

192　第3部　資　　料

項並びに前条の規定は、事業のために負担した貸金等債務を主たる債務とする保証契約又は主たる債務の範囲に事業のために負担する貸金等債務が含まれる根保証契約の保証人の主たる債務者に対する求償権に係る債務を主たる債務とする保証契約について準用する。主たる債務の範囲にその求償権に係る債務が含まれる根保証契約も、同様とする。

2　前項の規定は、保証人になろうとする者が法人である場合には、適用しない。

（公正証書の作成と保証の効力に関する規定の適用除外）

第465条の9　前三条の規定は、保証人になろうとする者が次に掲げる者である保証契約については、適用しない。

一　主たる債務者が法人である場合のその理事、取締役、執行役又はこれらに準ずる者

二　主たる債務者が法人である場合の次に掲げる者

　イ　主たる債務者の総株主の議決権（株主総会において決議をすることができる事項の全部につき議決権を行使することができない株式についての議決権を除く。以下この号において同じ。）の過半数を有する者

　ロ　主たる債務者の総株主の議決権の過半数を他の株式会社が有する場合における当該他の株式会社の総株主の議決権の過半数を有する者

　ハ　主たる債務者の総株主の議決権の過半数を他の株式会社及び当該他の株式会社の総株主の議決権の過半数を有する者が有する場合における当該他の株式会社の総株主の議決権の過半数を有する者

　ニ　株式会社以外の法人が主たる債務者である場合におけるイ、ロ又はハに掲げる者に準ずる者

三　主たる債務者（法人であるものを除

（新設）

く。以下この号において同じ。）と共同して事業を行う者又は主たる債務者が行う事業に現に従事している主たる債務者の配偶者 **（契約締結時の情報の提供義務）** **第465条の10** 　主たる債務者は、事業のために負担する債務を主たる債務とする保証又は主たる債務の範囲に事業のために負担する債務が含まれる根保証の委託をするときは、委託を受ける者に対し、次に掲げる事項に関する情報を提供しなければならない。 　一　財産及び収支の状況 　二　主たる債務以外に負担している債務の有無並びにその額及び履行状況 　三　主たる債務の担保として他に提供し、又は提供しようとするものがあるときは、その旨及びその内容 　2　主たる債務者が前項各号に掲げる事項に関して情報を提供せず、又は事実と異なる情報を提供したために委託を受けた者がその事項について誤認をし、それによって保証契約の申込み又はその承諾の意思表示をした場合において、主たる債務者がその事項に関して情報を提供せず又は事実と異なる情報を提供したことを債権者が知り又は知ることができたときは、保証人は、保証契約を取り消すことができる。 　3　前二項の規定は、保証をする者が法人である場合には、適用しない。	（新設）

■ 資料2　民法の一部を改正する法律の施行に伴う公証事務の取扱いについて（通達）

法務省民総第１９０号
令和元年６月２４日

法 務 局 長　殿
地方法務局長　殿

法 務 省 民 事 局 長

（公印省略）

民法の一部を改正する法律の施行に伴う公証事務の取扱いについて（通達）

民法の一部を改正する法律（平成２９年法律第４４号。以下「改正法」という。）は，一部を除いて令和２年４月１日から施行されます。また，改正法による改正後の民法（明治２９年法律第８９号。以下「法」という。）第４６５条の６第１項（法第４６５条の８第１項において準用する場合を含む。）の公正証書（以下「保証意思宣明公正証書」という。）の作成は，令和２年３月１日から嘱託することができ，公証人も，同日から保証意思宣明公正証書の作成をすることができることとされています。

これに伴う，保証意思宣明公正証書の作成に関する公証事務の取扱いを別添のとおり定めましたので，事務処理上遺憾のないよう，貴管下公証人及び公証事務を取り扱う法務事務官に周知方お取り計らい願います。

別　添

民法の一部を改正する法律の施行に伴う公証事務の取扱いについて

第 1　保証意思宣明公正証書の作成に関する改正の趣旨及び概要 1
第 2　保証意思宣明公正証書の作成が作成されていなければ効力を生じ
　　　ない保証契約 2
　 1　事業貸金等債務を主債務とする保証契約等 2
　 2　適用除外 2
第 3　保証意思宣明公正証書の法的性質 3
第 4　保証意思宣明公正証書の作成 4
　 1　保証意思宣明公正証書の要否についての判断 4
　 2　保証意思の確認 4
　 3　保証予定者による口授及びその筆記 7
　 4　法律上の口授・筆記事項以外の事項について 16
　 5　読み聞かせ等及び署名・押印 17
　 6　手続の明確化及び証拠化 18
　 7　その他の留意事項 19
第 5　保証意思宣明公正証書の様式等 20
　 1　保証意思宣明公正証書の様式 20
　 2　保証意思宣明公正証書の通数 20
　 3　保証意思宣明公正証書の作成手数料 20
　 4　提出を受けた書面等の保存 21

196　第3部　資　料

民法の一部を改正する法律の施行に伴う公証事務の取扱いについて

第1　保証意思宣明公正証書の作成に関する改正の趣旨及び概要

　　法は，事業のために負担した金銭の貸渡し又は手形の割引を受けることによって負担する債務（以下「事業貸金等債務」という。）を主債務とする保証契約等（後記第2，1参照）について，保証人になろうとする者（以下「保証予定者」という。）が法人であるとき（後記第2，2(1)参照）及び保証予定者が主債務者と一定の関係にあるとき（後記第2，2(2)参照）を除き，その締結の日前1箇月以内に作成された保証意思宣明公正証書で保証予定者が保証債務を履行する意思を表示していなければ，その効力を生じないと規定する（法第465条の6第1項，第3項，第465条の9）。

　　このような規律が新たに設けられた趣旨は，次のとおりである。事業貸金等債務を主債務とする保証契約等においては，保証債務の額が多額になりがちであり，保証人の生活が破綻する例も相当数存在するといわれている。しかし，保証契約は個人的情義等に基づいて締結されることが多いことや，保証契約の締結の際には保証人が現実に履行を求められることになるかどうかが不確定であることもあって，保証人の中には，そのリスクを十分に自覚しないまま安易に保証契約を締結してしまった者が少なくないと指摘されている。そこで，個人が保証契約を締結するリスクを十分に自覚せず安易に保証人になることを防止するため，公的機関である公証人が保証予定者と直接面接し，保証予定者が保証契約を締結するリスクを十分に理解した上で保証債務を履行する意思を有していることを確認することとし，この意思確認の手続を経ていない保証契約を無効とすることとしたものである。

　　保証意思宣明公正証書の作成については，このような法の趣旨に鑑み，従来にも増して慎重な証書作成が求められる。

第2　保証意思宣明公正証書が作成されていなければ効力を生じない
保証契約
1　事業貸金等債務を主債務とする保証契約等
　　次の(1)から(4)までに掲げる保証契約は，事前に保証意思宣明公
正証書が作成されていなければ，後記2に記載する場合を除いて，
効力を生じない。
(1)　事業貸金等債務を主債務とする特定債務保証契約（根保証契約
以外の保証契約をいう。以下同じ。）（法第465条の6第1項）
(2)　主債務の範囲に事業貸金等債務が含まれる根保証契約（法第4
65条の6第1項）
(3)　上記(1)又は(2)の保証契約の保証人の主債務者に対する求償権
に係る債務（以下「事業貸金等債務保証に係る求償債務」という。）
を主債務とする特定債務保証契約（法第465条の8第1項前段）
(4)　主債務の範囲に事業貸金等債務保証に係る求償債務が含まれ
る根保証契約（法第465条の8第1項後段）
2　適用除外
　　次の(1)又は(2)の保証契約は，前記1の保証契約に該当しても，
保証意思宣明公正証書が作成されていないことを理由に無効とな
らない。
(1)　保証人が法人である保証契約（法第465条の6第3項，第4
65条の8第2項）
(2)　保証人が次のアからウまでに掲げる者である保証契約（法第4
65条の9）
ア　主債務者が法人である場合のその理事，取締役，執行役又は
これらに準ずる者
イ　主債務者が法人である場合の次に掲げる者
(ア)　主債務者の総株主の議決権（株主総会において決議をす
ることができる事項の全部につき議決権を行使することが
できない株式についての議決権を除く。以下このイにおいて
同じ。）の過半数を有する者

2

198　第3部　資　　料

（イ）　主債務者の総株主の議決権の過半数を他の株式会社が有
する場合における当該他の株式会社の総株主の議決権の過
半数を有する者

（ウ）　主債務者の総株主の議決権の過半数を他の株式会社及び
当該他の株式会社の総株主の議決権の過半数を有する者が
有する場合における当該他の株式会社の総株主の議決権の
過半数を有する者

（エ）　株式会社以外の法人が主債務者である場合における（ア），
（イ）又は（ウ）に掲げる者に準ずる者

ウ　主債務者（法人であるものを除く。以下このウにおいて同じ。）
と共同して事業を行う者又は主債務者が行う事業に現に従事
している主債務者の配偶者

第3　保証意思宣明公正証書の法的性質

保証意思宣明公正証書は，保証契約の締結という法律行為そのも
のについて作成されるものではなく，その準備的行為として作成さ
れるものであるため，法律行為に関する公正証書そのものではない。
しかし，その作成がその後に締結される保証契約の有効要件となっ
ているため，法律行為に関する公正証書に準ずるものとして扱うの
が相当である。したがって，保証意思宣明公正証書の作成には，公
証人法（明治41年法律第53号）第26条や公証人法施行規則（昭
和24年法務府令第9号）第13条など法律行為に関する公正証書
に関する規定が適用又は類推適用されることになる。

そのため，保証意思宣明公正証書は，保証予定者が口授したとい
う事実を公証人が五感の作用により認識した結果としてそのまま記
載すれば足りるものではなく，公証人は，保証予定者が真に保証の
リスクを十分に理解した上でその保証契約を締結し，保証債務を履
行する意思を有していることを確認することができなければ，作成
を拒絶しなければならない。

なお，仮に，保証予定者が法第465条の6第2項第1号に掲げ
る事項を口授し，公証人がその事実を実験した上で録取した事実実
験公正証書を作成しても，それは保証意思宣明公正証書に該当せず，

3

資料2　民法の一部を改正する法律の施行に伴う公証事務の取扱いについて（通達）　199

これを代替することもできない（例えば，保証意思宣明公正証書を
作成する必要がないと誤信し，事実実験公正証書を作成したが，そ
の後に締結された保証契約が保証意思宣明公正証書が作成されてい
なければ有効に成立しないものであった場合には，当該保証契約は
効力を生じない。）。

第4　保証意思宣明公正証書の作成

1　保証意思宣明公正証書の要否についての判断

　　保証意思宣明公正証書が作成されていなければ効力を生じない
保証契約は前記第2記載のとおりであるが，保証予定者が締結し
ようとする保証契約がこれらに該当することは，保証意思宣明公
正証書を作成する要件ではなく，保証予定者がこれら以外の保証
契約を締結しようとしている場合であっても，保証意思宣明公正
証書を作成することができる。したがって，保証予定者が保証意
思宣明公正証書の作成を求めたときは，公証人は，当該保証契約
が保証意思宣明公正証書を作成しなければ有効に成立しないもの
であるかどうかについて判断すべきではなく，仮に当該保証契約
が保証意思宣明公正証書を作成せずとも有効に成立し得るとして
も，そのことを理由に，その作成を拒絶することはできない。

2　保証意思の確認

(1)　保証意思の意義等

　　保証意思宣明公正証書は，保証予定者に保証意思があることを
確認した上で，口授・筆記等の法定の手続を踏まなければ，作成
することができない。保証意思とは，真に保証のリスクを十分に
理解した上でその保証契約を締結し，保証債務を履行する意思を
いう。保証予定者に保証意思がないにもかかわらず公証人が保証
意思宣明公正証書を作成することは，民法上予定されていない。
仮に，保証予定者に保証意思がないのに保証意思宣明公正証書と
して書面が形式上作成されることがあったとしても，その公正証
書は保証意思宣明公正証書に該当せず，したがって，その後に保
証予定者が保証契約を締結しても，法第465条の6第1項所定
の要件を欠き，その保証契約は効力を生じない。

200　第3部　資　　料

公証人は，保証意思を確認する際には，保証予定者が保証しようとしている主債務の具体的内容を認識しているかどうかや，保証契約を締結すれば保証人は保証債務を負担し，主債務が履行されなければ自らが保証債務を履行しなければならなくなることを理解しているかどうかを検証し，保証予定者が保証契約のリスクを十分に理解した上で，相当の考慮をして保証契約を締結しようとしているか否かを見極めなければならない。

　公証人は，保証予定者が保証意思を有していることを確認することができない場合には，無効な法律行為等については証書を作成することができないとする公証人法第２６条の規定に基づき，公正証書の作成を拒絶しなければならない。

(2)　保証意思を確認する際の留意事項

ア　法は，保証予定者本人が口授すべき旨を定めており，保証意思宣明公正証書の作成に当たって口授すべき事項を代理人が口授することはできない（法第４６５条の６第２項）。

　保証予定者が成年被後見人その他の制限行為能力者である場合であっても，必要事項を口授して保証意思を表示するのは保証人本人でなければならず，後見人等の法定代理人が本人に代わって必要事項を口授することはできない。なお，保証予定者の事理弁識能力が不十分であることが疑われる場合には，保証契約のリスクを十分に理解しているか等をより丁寧に確認するものとする。

イ　保証債務は，主債務の範囲を限定する特約がある場合を除き，主債務に関する利息，違約金，損害賠償その他その債務に従たる全てのものを包含する（法第４４７条第１項）。公証人は，必要に応じてこの点を説明し，保証予定者がこれを理解した上で保証契約を締結する意思を有しているかどうかを確認するものとする。

ウ　公証人は，保証予定者が保証契約のリスクを十分に理解した上で，相当な考慮をして保証契約を締結しようとしているか否かを確認しなければならない。

　具体的には，保証予定者が主債務の具体的な内容を理解して

いるかどうかに疑問がある場合には，主債務の内容を確認するように促すなどして，その理解を確認しなければならない。また，保証予定者が保証契約の法的意味を理解しているかどうかに疑問がある場合には，主債務が履行されなかったときは自らが保証債務を履行しなければならなくなることや，保証の範囲には主債務の元本のほか，利息，違約金，遅延損害金その他主債務に従たる全てのものが含まれることなどについて保証予定者が理解しているかどうかを確認しなければならない。さらに，保証予定者が締結しようとしている契約が連帯保証契約である場合には，催告の抗弁及び検索の抗弁を主張することができないこと，分別の利益がないことについても，保証予定者が理解しているかどうかを確認しなければならない。

ここでいう保証契約のリスクとは，保証契約の法的意味にとどまらず，保証予定者自身が，当該保証債務を負うことによって直面することが有り得る具体的な不利益を意味している。したがって，公証人は，例えば，保証債務を履行することができない場合には，所有する不動産や給与債権が差し押さえられるなどのリスクがあることを保証予定者が理解しているかどうかを確認し，その理解が不十分である場合にはこのようなリスクについても説明するものとする。

エ　保証予定者が保証契約のリスクを十分に理解していることを確認するに当たっては，保証予定者が主債務者の財産状況等について把握しているかを確認することも必要である。法は，事業のために負担する債務を主債務とする保証又は主債務の範囲に事業のために負担する債務が含まれる根保証の保証予定者が保証契約の締結に当たってそのリスクをより慎重かつ適切に判断することができるよう，主債務者は，これらの保証の委託をするときは，保証予定者に対して主債務者の財産及び収支の状況等に関する情報を提供しなければならないこととしている（法第４６５条の１０第１項）。

保証意思を確認する際には，この情報提供義務に基づく情報提供の有無及び提供された情報の内容を確認し，保証予定者が

その情報も踏まえて保証人になろうとしているかどうかを見極めなければならない。仮に，保証予定者が主債務者から情報の提供を受けていないことが判明した場合には，公証人は，主債務者から情報の提供を受けるように促すものとする。

オ　保証意思の有無を確認するに当たっては，保証予定者が保証契約を締結しようとするに至った経緯（主債務者と保証予定者との関係，借入金の使途等を含む。）について聴取し，保証予定者が保証契約のリスクを十分に理解せず安易に保証人になってはいないかを検証することも必要である。仮に，債権者や主債務者から保証人となることを強く求められたといった事情が判明した場合には，保証予定者が保証契約のリスクを十分に理解しているかどうかをより丁寧に確認するものとする。

(3)　第三者の立会い

　　保証予定者が口授をする際に，債権者，主債務者その他の第三者が立ち会うと，保証予定者がその者から不当な干渉を受けるおそれがある。このため，公証人が保証予定者から口授を受ける際には，介助者を同席させる必要があるなどの合理的な理由がある場合を除き，第三者を立ち会わせるべきではなく，特に，債権者や主債務者（これらが法人その他の団体である場合の従業員等の関係者を含む。）は，立ち会わせないものとする。

3　保証予定者による口授及びその筆記

(1)　法律上口授・筆記することが求められる事項

　　保証予定者が口授し，公証人が筆記しなければならない事項は，次のとおりである（法第465条の6第2項。なお，事業貸金等債務保証に係る求償債務の保証契約については，後記(4)参照）。

ア　保証予定者が締結しようとする保証契約が事業貸金等債務を主債務とする特定債務保証契約である場合

　(ｱ)　主債務の債権者及び債務者

　(ｲ)　主債務の元本

　(ｳ)　主債務に関する利息，違約金，損害賠償その他その債務に従たる全てのものの定めの有無及びその内容

　(ｴ)　主債務者がその債務を履行しないときには，その債務の

全額について履行する意思を有していること（保証予定者が連帯保証債務を負担しようとするものである場合には，債権者が主債務者に対して催告をしたかどうか，主債務者がその債務を履行することができるかどうか，又は他に保証人があるかどうかにかかわらず，その全額について履行する意思を有していること）

イ　保証予定者が締結しようとする保証契約が主債務の範囲に事業貸金等債務が含まれる根保証契約である場合

(ｱ)　主債務の債権者及び債務者

(ｲ)　主債務の範囲

(ｳ)　根保証契約における極度額

(ｴ)　元本確定期日の定めの有無及びその内容

(ｵ)　主債務者がその債務を履行しないときには，極度額の限度において，元本確定期日又は法第４６５条の４第１項各号若しくは第２項各号に掲げる事由その他の元本を確定すべき事由が生ずる時までに生ずべき主債務の元本及び主債務に関する利息，違約金，損害賠償その他その債務に従たる全てのものの全額について履行する意思を有していること（保証予定者が連帯根保証債務を負担しようとするものである場合には，債権者が主債務者に対して催告したかどうか，主債務者がその債務を履行することができるかどうか，又は他に保証人があるかどうかにかかわらず，その全額について履行する意思を有していること）

(2)　保証予定者が締結しようとする保証契約が事業貸金等債務を主債務とする特定債務保証契約である場合（前記(1)アの場合）の留意事項

ア　主債務の債権者及び債務者について

主債務の債権者及び債務者を口授・筆記するに当たっては，後に作成される保証契約書における当事者の記載との間で同一性に疑問が生じないよう，氏名又は名称のみではなく，債権者又は主債務者が個人である場合には住所，職業，生年月日等，法人である場合には代表者名，本店所在地等，特定に必要な事

項を併せて口授させ，筆記するものとする。

イ　主債務の元本について

　　主債務の元本は，保証人の責任の基本的範囲を画するものであるから，保証予定者にその具体的な額を明確に口授させ，具体的な認識を有しているかどうかを確認するものとする。

　　主債務の元本の額が確定しておらず，主債務の元本の額が最終的にどの程度の額になるかが全く見通せないような場合には，保証人が保証契約のリスクを理解することもできないから，保証意思宣明公正証書を作成することはできない。もっとも，保証意思宣明公正証書の作成時点では主債務の元本の額が正確には確定していないがおおよその範囲は決まっており，かつ，諸事情により，その時点で保証意思宣明公正証書を作成せざるを得ない場合には，元本がこの金額を上回ることはないという上限を口授させ，筆記することにより，保証意思宣明公正証書を作成することも許される。この場合には，例えば，「甲が乙に金○○円以内で貸し付ける金員の貸金債務について保証する」と口授させ，筆記する。ただし，保証契約のリスクを具体的に把握するためには，主債務の内容ができる限り特定されていることが望ましいから，合理的な理由がないのに漠然とした記載がされることのないよう，どのような事情があるために確定した額を口授することができないかを確認するものとする。

ウ　主債務に関する利息，違約金，損害賠償等について

　　主債務に従たる全てのものの定めの有無及びその内容は，保証債務の範囲を画する事項であるから，その定めの具体的内容を明確に口授させ，具体的な認識を有しているかどうかを確認するものとする。法第４６５条の６第２項第１号イ及びロの「その債務に従たる全てのもの」は，法第４４７条第１項の「その債務に従たるすべてのもの」と同旨であり，その定めとは，契約締結費用等の保証の対象となる債務についての定めのことである。

　　利息について，単に「法定利率による」と合意されていた場合には，民法に従って利息が生じた最初の時点での法定利率を

9

資料２　民法の一部を改正する法律の施行に伴う公証事務の取扱いについて（通達）　205

意味することになると考えられる（法第４０４条第１項）が，その場合にも，その旨を口授させ，「利息が生じた最初の時点での法定利率」と公正証書に筆記するものとする。これと異なり，保証契約締結時点の法定利率に固定する趣旨である場合や，法定利率が変動すればそれに応じて利率が変動する趣旨である場合には，その旨を明示するものとする。例えば，前者の場合には「保証契約締結時における法定利率による」などと筆記し，後者の場合には「法定利率（完済までに変動した場合は，その後生ずべき利息については変動後の法定利率）による。」などと筆記するものとする。

　　また，例えば，利息又は遅延損害金の算定に用いる割合が一定の計算式によって変動することが合意されており，特定の数値を口授させ，筆記することができない場合には，その計算式をそのまま口授させ，筆記するものとする。

　　利息又は遅延損害金の算定に用いる割合について，保証契約締結時には特定の数値を定める予定ではあるが，保証意思宣明公正証書を作成する段階では具体的な数値が決まっていない場合に，「年○％以内で定める利率」などと上限を示して利率等を口授させ，筆記することが許されること，その際にどのような事情があるために確定していないかを確認する必要があることは，主債務の元本（前記イ）と同様である。

　エ　保証債務を履行する意思について

　　保証意思の確認については前記２記載のとおりであり，この確認をすることができたときは，保証の対象となる債務の範囲や連帯保証かどうか等を明確にして，例えば「主たる債務の元本及び主たる債務に関する利息，違約金，損害賠償その他その債務に従たる全てのものについて，（主債務者と連帯して）履行する意思を有している」などと筆記する。

(3)　保証予定者が締結しようとする保証契約が主債務の範囲に事業貸金等債務が含まれる根保証契約である場合（前記(1)イの場合）の留意事項

　ア　主債務の債権者及び債務者について

10

206　第3部　資　　料

「主債務の債権者及び債務者」については，前記(2)アと同様である。

イ　主債務の範囲について

根保証契約による責任が及ぶ主債務の範囲は，疑義のないように契約類型等でその外延が明確に定められている必要がある（例えば，「貸主甲と借主乙間の令和○年○月○日付け貸金取引約定書に基づく債務」など）から，公証人は，保証予定者にその具体的内容を明確に口授させ，具体的な認識を有しているかどうかを確認するものとする。

ウ　根保証契約における極度額について

主債務の範囲に事業貸金等債務が含まれる根保証契約（前記第2，1(2)）は，保証人が法人でない場合は，いずれも個人根保証契約（法第465条の2第1項）に該当する。個人根保証契約における保証人は，主債務の元本，利息，違約金，損害賠償等及びその保証債務について約定された違約金，損害賠償につき，その全部に係る極度額を限度として，その履行をする責任を負い，極度額の定めのない個人根保証契約は効力を生じない（法第465条の2第1項及び第2項）。極度額は，保証人の責任の上限を画する重大な意義を有するため，その具体的な額について明確に口授させ，具体的な認識を有しているかどうかを確認しなければならない。

極度額が確定しておらず，最終的にどの程度の額になるかが全く見通せないような場合には，保証予定者が保証契約のリスクを理解することもできないから，原則として，保証意思宣明公正証書を作成することはできないが，極度額のおおよその範囲は決まっており，かつ，諸事情により，その時点で保証意思宣明公正証書を作成せざるを得ない場合には「○○円以内で定める金額」などと上限を示して極度額を口授させ，筆記することが許されること，その際にどのような事情があるために確定していないかを確認する必要があることは，特定債務保証契約における主債務の元本（前記(2)イ）と同様である。

エ　元本確定期日の定めの有無及びその内容について

11

主債務の範囲に事業貸金等債務が含まれる根保証契約（前記第2，1⑵）は，保証人が法人でない場合は，個人貸金等根保証契約（法第465条の3第1項）に該当する。個人貸金等根保証契約においては，元本確定期日の定め（ただし，締結の日から5年を経過する日よりも後の日を定めることはできない。）がある場合はその日に，その定めがない場合は締結の日から3年を経過する日に，主債務の元本が確定する（法第465条の3第1項及び第2項）。元本確定期日は，保証人の責任を画する重大な意義を有するものであるため，元本確定期日に関する合意がある場合にはその定めの内容を，ない場合にはその旨を保証予定者に口授させ，具体的な認識を有しているかどうかを確認しなければならない。保証予定者が，元本確定期日に関する合意がない旨を口授した場合には，個人貸金等根保証契約の締結の日から3年を経過する日に元本が確定することを理解していることを確認するものとする。

　なお，法第465条の4第1項及び第2項に掲げる事由その他の元本確定事由については，口授の対象とはされていない。

オ　保証債務を履行する意思について

　保証意思の確認については，前記2記載のとおりであり，この確認をすることができたときは，保証の対象となる債務の範囲や連帯保証かどうか等を明確にして，例えば，「極度額の限度において元本確定期日又は元本確定事由が生ずる時までに生ずべき主たる債務の元本及び主たる債務に関する利息，違約金，損害賠償その他その債務に従たる全てのものについて，（主債務者と連帯して）履行する意思を有している」などと筆記する。

カ　その他について

　保証予定者が，保証の対象となる範囲に含まれる債務については債務発生ごとの通知等がされることなく当然に保証債務が生ずるという根保証契約の基本的仕組みについて理解しているかどうかに疑問がある場合には，公証人は，このような根保証の仕組みを保証予定者に説明し，これを踏まえて根保証契

約を締結する意思があるかどうかを確認するものとする。

(4)　事業貸金等債務保証に係る求償債務の保証契約

　　①事業貸金等債務保証に係る求償債務を主債務とする特定債務保証契約（前記第2，1⑶）及び②主債務の範囲に事業貸金等債務保証に係る求償債務が含まれる根保証契約（前記第2，1⑷）についても，前記第2，2に記載する場合を除いて，あらかじめ保証意思宣明公正証書を作成することが必要である（法第４６５条の８，第４６５条の９）。これらの場合の口授・筆記事項についても，保証契約の性質に応じて，前記⑴ア又はイの記載が当てはまる。その口授・筆記に当たっての留意事項は，次のアからウまでに記載したほか，次のア及びイの保証契約については前記⑵の，次のウの保証契約については前記⑶の記述がそれぞれ当てはまる。

ア　事業貸金等債務を主債務とする特定債務保証契約（甲保証契約）の保証人の主債務者に対する求償権に係る債務を主債務とする特定債務保証契約（乙保証契約）

　(ｱ)　「主債務の債権者及び債務者」として，乙保証契約の債権者（甲保証契約の保証人）及び主債務者（甲保証契約の主債務者）を口授させ，筆記する。

　(ｲ)　「主債務の元本」にいう「主債務」は，甲保証契約の保証人が甲保証契約に従い弁済したことによって生ずる求償債務である。その元本の口授・筆記に当たっては，求償債務の具体的な内容を明らかにしなければならないので，その発生の原因である甲保証契約の主債務の元本及び主債務に関する利息，違約金，損害賠償その他その債務に従たる全てのものの定めの有無及びその内容（さらに，保証債務についてのみ違約金又は損害賠償の額の約定があるとき（法第４４７条第2項参照）は，その内容を含む。）を口授させ，筆記した上で，「乙保証契約の債権者（甲保証契約の保証人）が甲保証契約に従い弁済したことによって生ずる求償債務」などと筆記する。

　(ｳ)　「主債務に関する利息，違約金，損害賠償その他その債務

に従たる全てのものの定めの有無及びその内容」として，乙保証契約の主債務（甲保証契約の主債務者の求償債務）に関する利息，違約金，損害賠償その他その債務に従たる全てのものの定めの有無及びその内容を口授させ，筆記する。

イ 主債務の範囲に事業貸金等債務が含まれる根保証契約（甲根保証契約）の保証人の主債務者に対する求償権に係る債務を主債務とする特定債務保証契約（乙保証契約）

　(ｱ) 「主債務の債権者及び債務者」については，前記ア(ｱ)と同様である。

　(ｲ) 「主債務の元本」にいう「主債務」は，甲根保証契約の保証人が甲根保証契約に従い弁済したことによって生ずる求償債務である。その元本の口授・筆記に当たっては，求償債務の具体的な内容を明らかにしなければならないので，甲根保証契約の主債務の範囲，極度額並びに元本確定期日の定めの有無及びその内容を口授させ，筆記した上で，「乙保証契約の債権者（甲根保証契約の保証人）が甲根保証契約に従い弁済したことによって生ずる求償債務」などと筆記する。

　(ｳ) 「主債務に関する利息，違約金，損害賠償その他その債務に従たる全てのものの定めの有無及びその内容」は，前記ア(ｳ)と同様である。

ウ 事業貸金等債務についての特定債務保証契約又は主債務の範囲に事業貸金等債務が含まれる根保証契約（甲保証契約）に係る求償債務が主債務の範囲に含まれる根保証契約（乙根保証契約）

　(ｱ) 「主債務の債権者及び債務者」については，前記ア(ｱ)と同様である。

　(ｲ) 「主債務の範囲」として，乙根保証契約における主債務の範囲を口授させ，筆記する。なお，甲保証契約の主債務の元本及び主債務に関する利息，違約金，損害賠償その他その債務に従たる全てのものの定めの有無及びその内容（甲保証契約が特定債務保証契約である場合）や，甲保証契約の主債務の範囲，極度額，元本確定期日の定めの有無（甲保証契約が

14

210 第3部 資　　料

根保証契約である場合）を口授させる必要はない。

(ｳ) 「根保証契約における極度額」として，乙根保証契約における極度額を口授させ，筆記する。主債務の範囲に事業貸金等債務保証に係る求償債務が含まれる根保証契約は，保証人が法人でない場合は，個人根保証契約に該当するから，極度額の定めがされていなければ，その効力を生じない（法第465条の2第2項）。

(ｴ) 「元本確定期日の定めの有無及びその内容」として，乙根保証契約における元本確定期日の定めの有無及び定めがあるときはその内容を筆記する。

なお，主債務の範囲に事業貸金等債務保証に係る求償債務が含まれる根保証契約は，当然に貸金等根保証契約に該当するわけではなく，乙根保証契約の主債務の範囲に貸金等債務が含まれない場合には，元本確定期日に関する法第465条の3が適用されないので，元本確定期日の定めがないと，元本の確定に期限がないことになる。そこで，このような場合には，保証予定者がこの点を理解していることを確認するものとする。乙根保証契約の主債務の範囲に貸金等債務が含まれる（貸金等根保証契約である）場合は，法第465条の3が適用されることとなるが，この場合の留意事項等については，前記(3)エと同様である。

(5) 保証予定者による口授の際の書面の利用

保証予定者が口授する際に，その内容の正確性を担保するためや記憶を喚起するために，あらかじめ準備していた契約書の草案等の書類やメモ等を補充的に参照すること自体は，直ちに禁止されるものではない。また，保証予定者の事実誤認などがうかがわれる場合に，公証人が保証予定者から提出された手元の資料を見て，事実誤認を指摘することも，直ちに禁止されるものではない。

もっとも，法第465条の6第2項第1号に掲げる方式に従ったものといえるためには，保証意思宣明公正証書の作成が要求された趣旨からしても，同号イ及びロに定めた事項を保証予定者が個別に口授することが必要であり，例えば，保証予定者が「契約

書に記載したとおり。」などと述べるにとどまり，公証人も各口授事項について保証予定者の理解を確認しなかったという場合には，同号の口授がされたとはいえない。

保証予定者が個別に口授する場合であっても，メモ等の参照や公証人の指摘は飽くまでも正確性を担保するために補助的に用いるべきものである。したがって，公証人は，保証予定者にメモ等を参照させたり事実誤認を指摘したりした場合には，慎重にその保証意思を確認しなければならない。例えば，定額で定められた主債務の額などの基本的かつ単純な事項についてもメモ等を参照しなければ口授することができない場合や，保証予定者がメモ等を読み上げるのみで，その具体的な意味を質問しても十分な説明をすることができない場合などには，保証予定者が口授すべき事項の内容を十分理解しているとは認められず，保証意思宣明公正証書を作成することは許されない。

4 法律上の口授・筆記事項以外の事項について

(1) 主債務者の財産状況等の情報提供に関する事項

公証人は，保証意思を確認する際には，法第465条の10が規定する主債務者の財産状況等についての情報提供義務に基づく保証予定者に対する情報提供の有無及び提供された情報の内容を確認し，保証予定者がその情報も踏まえて保証人になろうとしているかどうかを見極めるものとする。

情報提供義務が履行されたこと及びその提供された情報の内容は，その後に締結される保証契約を取り消すことができるかどうかに関わり，保証予定者だけでなく債権者にとっても重要な意味を有するものであるため，主債務者の財産状況等の情報提供について公証人が確認した事項は，記録に残すものとする。例えば，保証予定者が主債務者から書面で情報の提供を受けていた場合には，公証人は，保証予定者からその書面の写しの提供を受け，附属書類として連綴する。また，保証予定者が主債務者から口頭で情報の提供を受けた場合には，公証人は，その内容を保証予定者から確認した上でその要領を録取した書面を作成し，同書面を附属書類として連綴する（後記6参照）。

(2)　保証意思の有無に関連する事情の記載等

　　保証予定者が保証契約を締結するか否かを判断するに当たって通常考慮すると考えられる事項として，法律上の口授・筆記事項のほか，①借入金の使途，②債務の弁済期及び弁済方法，③保証契約締結予定日，④主債務者と保証予定者との関係等が考えられる。しかし，保証意思宣明公正証書を作成するに当たって，保証予定者が口授し，公証人が筆記することとされている事項は法定されている（法第４６５条の６第２項第１号，第２号）から，公正証書上に口授された事項として筆記するのも，原則として，これらの事項に限定すべきであると考えられ，上記①から④までの事項など，保証予定者が通常考慮すると考えられる事項が常に筆記の対象となるわけではない。

　　もっとも，公証人は，上記①から④までの事項など，法律上の口授・筆記事項には含まれないが保証意思の有無に関連する事情について，万が一その後に紛争が生じた場合に備えて記録に残しておく必要があると認めた場合には，これらの事項についての保証予定者の説明の要領を書面に録取し，それを附属書類として連綴するものとする（後記６(2)参照）。

5　読み聞かせ等及び署名・押印

　　公証人は，保証予定者の口述を筆記し，これを保証予定者に読み聞かせ，又は閲覧させ，その正確なことの承認を得た後，署名押印させ，自らが署名押印する（法第４６５条の６第２項第２号から第４号まで）。この方式は，公正証書遺言の作成手続（民法第９６９条等）と同様のものである。

　　なお，口授や読み聞かせが終了した後であっても，公正証書の作成が完了するまでの間に保証人が保証意思を翻意した場合には，保証意思宣明公正証書を作成することはできない。

　　法第４６５条の６第２項第２号は，作成した公正証書の記載内容の確認方法として，読み聞かせ又は閲覧を規定しているが，読み聞かせと閲覧の双方を行っても差し支えない。

　　保証予定者が署名することができないときは，公証人がその事由を付記して署名に代えることができる（法第４６５条の６第２

項第3号ただし書）。事由の記載は，「病気」「無筆」等と記載すれば足り，病名等を具体的に記載することは要求されていない。法令上，保証予定者に代わって公証人が代署することは要求されていないが，遺言公正証書と同様に，行政先例に準じて公証人が代署しても差し支えない。

　保証予定者が外国人である場合は，署名のみで足り，押印は必要でない（明治32年法律第50号（外国人ノ署名捺印及無資力証明ニ関スル法律）第1条）。逆に，保証予定者が日本人である限り，押印は必須の要件である。

　保証予定者が口がきけない者である場合は，公正証書遺言の場合と同様，申述すべき各事項を通訳人の通訳により申述し，又は自書して口授に代えなければならない（法第465条の7第1項）。ある程度の発話はできるが，聴覚障害等のために発音が不明瞭で，公証人においてその聴取が困難な者も「口がきけない者」に当たるので，留意する。保証予定者が耳が聞こえない者である場合は，公正証書遺言の場合と同様，筆記した内容を通訳人の通訳により伝えて，読み聞かせに代えることができる（同条第2項）。これらの場合には，公正証書にその旨を記載しなければならない（同条第3項）。

　手話通訳等の通訳人は，保証予定者において確保する必要があるが（公証人法第39条），必要に応じて，各都道府県の手話通訳派遣協会等を通じて一定の水準の能力を有する手話通訳者を確保することが可能である旨を教示するものとする。

6　手続の明確化及び証拠化

(1)　公正証書作成の際の書面の引用

　公証人が公正証書を作成する際には，保証予定者が口授した内容を公正証書に記載することになるが，口授した内容のうち細目的事項については書面を引用する方法で記載することも許される。

　一般に，公正証書には他の書面を引用することができる（公証人法第40条）が，それは，他の書面を補充的・補完的に利用することを前提としているものであるから，公正証書に本旨とすべ

18

214　第3部　資　　料

き法律行為の要綱を記載せずに，契約書等の書面の全部を引用するのは相当でなく，許されない。したがって，保証意思宣明公正証書を作成する際に契約書等の書面を引用することが許されるのは，細目的な事項についてのみであり，少なくとも主債務者や債権者，主債務の元本の額や極度額について書面を引用することは許されない。

なお，書面を引用する場合であっても，保証予定者による口授を省略することができないことは当然である。

(2)　保証予定者による説明の記録等

前記4(2)記載のとおり，保証意思宣明公正証書に記載すべき事項は，原則として法定された事項に限定される。

もっとも，保証予定者が主債務の内容や保証契約のリスクについて十分な理解をしているかどうかが一見疑わしく，公証人が注意をしたり説明を求めたりした結果，最終的に保証意思宣明公正証書を作成することとした場合など，その後に締結される保証契約の有効性をめぐる紛争が生ずる可能性が高いと考えられる場合には，保証意思宣明公正証書が適切に作成されたことを示すため，公証人がした注意の内容や，公証人による説明の求めに応じて保証予定者がした説明の内容，公証人が保証予定者に保証契約のリスクを理解させるためにした説明の内容等の要領を録取した書面を作成し，証書の原本とともに附属書類として連綴するものとする。

7　その他の留意事項

(1)　執行認諾文言

保証意思宣明公正証書は，保証契約の締結に先立ち，保証契約書とは別に作成されなければならないものであり，民事執行法（昭和54年法律第4号）第22条第5号に規定する執行証書となることはない。そのため，保証意思宣明公正証書には，債務者が直ちに強制執行に服する旨の陳述（執行認諾文言）を付することはできない。

(2)　保証契約公正証書の作成

法第465条の6第1項は，保証意思宣明公正証書は，保証契

約の締結に先立ち作成されなければならないとしているが，手続
上これらの先後を明確にした上で，保証意思宣明公正証書と保証
契約公正証書を同じ日に作成することは可能である。

　もっとも，保証意思宣明公正証書の作成に係る保証予定者の意
思と，保証契約公正証書の作成に係る保証予定者の意思は，その
時期及び内容の点において別個のものであるから，保証契約公正
証書作成の際には改めて意思確認を行わなければならない。特に，
保証意思宣明公正証書作成後，直ちに執行認諾文言付きの保証契
約公正証書の作成が嘱託されるような場合には，当該保証契約公
正証書を作成するに当たって，保証予定者が執行認諾文言を付す
意味を真に理解しているかどうかの確認を慎重に行わなければ
ならない。公証人は，保証予定者に対し，執行認諾文言付きの保
証契約公正証書を作成することの意味を，将来保証予定者に生じ
得る不利益を含め，より丁寧に説明し，保証予定者がその意味を
真に理解をしていないことが疑われるときには，日を改めて再度
意思確認を行う等の配慮をするものとする。

第5　保証意思宣明公正証書の様式等
1　保証意思宣明公正証書の様式
　保証意思宣明公正証書の様式については，通常の公正証書の様式
によるものとする。
2　保証意思宣明公正証書の通数
　保証意思宣明公正証書は，保証予定者ごとに，別個に作成する
ものとする。
　保証予定者が締結しようとする保証契約が複数ある場合（異な
る債権者との間に保証契約が複数ある場合を含む。）には，公証
人は，嘱託人の選択に従い，保証契約ごとに各一通の，又は一括
して1通の公正証書を作成するものとする。
3　保証意思宣明公正証書の作成手数料
　手数料の額は，保証予定者による保証意思の表示1件につき1
万1，000円である（公証人手数料令（平成5年政令第224
号）第9条，第16条及び別表参照）。なお，保証意思の表示の

20

件数は，保証契約ごとに，１件とするものとする。

4　提出を受けた書面等の保存

　　公証人は，保証予定者から，保証契約についての保証予定者の認識を記載した書面，保証意思宣明公正証書に記載すべき事項を裏付ける資料，保証予定者が主債務者から法第４６５条の１０に基づく情報の提供を受けたことを裏付ける資料その他の保証意思の確認が適切に行われたことを明らかにする重要な書面が提出された場合には，当該書面を附属書類（公証人法第４１条第１項）として保証意思宣明公正証書に連綴するものとする。また，公証人が保証予定者の口授又は質問に対する回答の要領を録取した書面を作成した場合には，当該書面も，上記提出された書面と同様に，附属書類として連綴するものとする。

以上

資料２　民法の一部を改正する法律の施行に伴う公証事務の取扱いについて（通達）　217

事項索引

【あ】

一時役員 ･･････････････････････ 138
因果関係 ････････････････････ 67, 72

【か】

貸金等債務 ････ 16, 55, 99, 102, 103, 113
貸金等根保証契約 ･･････････････ 13
監督指針 ･･･････････････････････ 152
元本確定期日 ･･････････ 12, 13, 15, 24,
　　　　　　　　　119, 129, 175
元本確定事由 ･･･ 13, 14, 24, 86〜91, 166
期限の利益喪失 ･････････････ 9, 43〜46,
　　　　　　　48〜51, 53, 54
求償権 ･･････････････ 14, 15, 18, 30〜32,
　　　　　　　　82, 93〜95
求償債務 ･･････････････ 80, 113, 125〜128
共同事業者 ･･･････････････ 18, 19, 148
共同保証 ･･･････････････････････ 29
共同保証人 ･･･････････････････････ 31
業務執行社員 ･･･････････････････ 140
極度額 ･･････････････ 11, 12, 14, 15, 24,
　　　　　　　77, 78, 83, 85, 95, 97,
　　　　　　　129, 166, 167, 171, 174
口授 ･･･････････ 20, 21, 23〜25, 120〜131,
　　　　　　　157〜159, 161, 163,
　　　　　　　164, 166, 168, 173〜175
形式的支配 ････････････････････ 146
検索の抗弁 ･･･････････････ 22, 134
公示による意思表示 ･･･････････ 46
公証役場 ･････････････････････ 21
公序良俗違反 ･･･････････････ 85
更生管財人 ･･････････････････ 139
個人貸金等根保証 ･････････････ 86
個人貸金等根保証契約 ･･･････ 13, 14

【さ】

個人根保証契約 ････ 11〜13, 77, 81, 83,
　　　　　86, 88, 89, 91, 93, 95〜97
婚姻の取消し ･･･････････････ 150
婚姻無効 ･････････････････････ 149

債権譲渡 ･･････････････････ 38〜40, 48
債権の管理又は回収 ･･･････････ 49
催告の抗弁 ･･･････････････ 22, 134
財産状況 ･･･････････････････････ 10
裁判上の和解 ･･･････････････ 107
事業承継予定者 ･･･････････ 19, 152
事業に現に従事 ･･････････････ 151
事業のために負担した ････ 16, 17, 100,
　　　　　　　103, 105, 109, 111
事業のために負担した（する）
　････････････････････ 98, 99
事業のために負担する ･･･････ 24, 55
事後通知 ･･･････････････ 33, 34
事実実験公正証書 ･･････････ 20
事前通知 ･･････････････････ 32〜34
執行役 ･･･････････ 18, 138〜141
執行役員 ･････････････････ 140
実質的支配 ･･･････････････ 146
充当 ･･････････････････ 51, 52
主債務者の財産状況 ･･･････ 22, 134
主債務者の配偶者 ･･･ 18, 149〜151, 153
主債務の履行状況 ･･････ 7, 8, 36〜38,
　　　　　　　41, 42
準消費貸借 ･･････････････ 102, 103
商事保証 ･････････････････ 130
職務代行者 ･････････････ 139
所在不明 ･･･････････････ 46
成年被後見人 ･･･････････ 120
施行日 ･･･････････････････ 6

責任役員 ……………………… 140
相互保有株式 ………………… 144
損益計算書 …………………… 60

【た】
第三者弁済 …………………… 41
貸借対照表 ……………… 60, 61, 162
通達 …………………………… 27
通知 …………………………… 45, 54
停止条件 ……………………… 118
電磁的記録 ………………… 12, 36, 83
取消し ……… 10, 63, 64, 66, 69, 71〜73
取締役 ………… 18, 138〜142, 153, 154

【は】
配偶者 ………………………… 19
破産管財人 …………………… 139
表明保証 ………………… 71〜74, 155
（公正証書の）附属書類 ………… 162
附帯決議 ……………………… 4, 5
フリーローン ………………… 109
弁済期 ………………………… 8, 30, 31
弁済による代位 ……………… 41
法律行為に関する公正証書 ……… 20
保証意思 …… 16, 17, 21〜23, 107, 117,
　　　　　　120, 132〜134, 136, 157

保証意思宣明公正証書 ……… 17〜21,
　　　　　23, 25〜27, 103, 105, 107〜109,
　　　　　111, 116, 117, 122, 123, 125, 130,
　　　　　132, 136, 137, 157〜159, 161,
　　　　　163, 164, 166, 168, 173〜175
保証契約更新 …… 75, 76, 168〜170, 172,
　　　　　　　　　　　　　　　　175
保証契約公正証書 ………………… 137
保証のリスク ……… 21〜23, 133, 134

【ま】
身元保証 ……………………… 81, 82
民事調停 ……………………… 107, 108

【や】
予約 …………………………… 118, 119

【ら】
理事 …………………………… 18, 138〜141
連帯債務 ……………………… 112
連帯保証 …………… 22, 28, 29, 32, 121,
　　　　　　124, 127, 129〜131, 134

【わ】
和解契約に基づく和解金支払債務
　　…………………………… 105, 106

事項索引　219

Q&A 改正債権法と保証実務

2019年12月25日　第1刷発行
2020年1月30日　第2刷発行

著　者　筒井　健夫
　　　　村松　秀樹
　　　　脇村　真治
　　　　松尾　博憲

発行者　加藤　一浩

〒160-8520　東京都新宿区南元町19
発　行　所　一般社団法人 金融財政事情研究会
企画・制作・販売　株式会社きんざい
編集部　TEL 03(3355)1721　FAX 03(3355)3763
販売受付　TEL 03(3358)2891　FAX 03(3358)0037
URL https://www.kinzai.jp/

DTP・校正：株式会社友人社／印刷：株式会社日本制作センター

・本書の内容の一部あるいは全部を無断で複写・複製・転訳載すること、および
磁気または光記録媒体、コンピュータネットワーク上等へ入力することは、法
律で認められた場合を除き、著作者および出版社の権利の侵害となります。
・落丁・乱丁本はお取替えいたします。定価はカバーに表示してあります。

ISBN978-4-322-13494-0